CONSTELAÇÃO SISTÊMICA
FAMILIAR

Emilia Santana

CONSTELAÇÃO SISTÊMICA
FAMILIAR

As Leis do Amor

2ª edição

Copyright© 2019 by Editora Leader
Todos os direitos da primeira edição são reservados à Editora Leader

Diretora de projetos
Andréia Roma

Revisão:
Editora Leader

Capa
Editora Leader

Projeto gráfico e editoração:
Editora Leader

Livrarias e distribuidores:
Liliana Araújo

Atendimento:
Rosângela Barbosa, Érica Rodrigues, Juliana Correia

Organização de conteúdo:
Tauane Cezar

Diretor financeiro
Alessandro Roma

Dados Internacionais de Catalogação na Publicação (CIP)
Bibliotecária responsável: Aline Graziele Benitez CRB-1/3129

S223c
2.ed.
	Santana, Emilia
	    Constelação sistêmica familiar: as leis do amor / Emilia Santana. – 2. ed. – São Paulo: Editora Leader, 2019.
	    128 p.; 16x23 cm.
	    ISBN: 978-85-5474-062-7
	    1. Constelação familiar I. Título.
	                                                                               CDD 303.323

Índices para catálogo sistemático:
1. Constelação familiar

2019
Editora Leader

Escritório 1
Depósito de Livros da Editora Leader
Rua Nuto Santana, 65, sala 1
São Paulo – SP – 02970-000

Escritório 2
Av. Paulista, 726 – 13° andar, conj. 1303
São Paulo – SP – 01310-100

Contatos:
Tel.: (11) 3991-6136
contato@editoraleader.com.br | www.editoraleader.com.br

*Dedico este livro aos meus filhos,
Daniel e Mauricio Santana Gonçalves.*

Agradecimento

Agradeço ao meu pai, Manoel Moreira de Santana, e à minha mãe, Blandina Dias de Oliveira, por terem me dado a Vida. Agradeço por tudo o que me deram, da forma que me foi dado e pelo preço que lhes custou, recebo-os com Gratidão e os mantenho dentro do meu coração. Esta é a vida que me propiciou seguir minha missão. Onde estiverem sintam-se reverenciados.

Tenho enorme gratidão pela minha família, especialmente aos meus filhos, meu bem maior.

Agradeço à Ápice Desenvolvimento Humano, empresa na qual atuo, e ao Plínio de Souza, que confiou no meu trabalho e abriu as portas para minha evolução.

Aos coaches que fazem parte da equipe Ápice Desenvolvimento Humano, e à coach e amiga Micaela Costa, pela colaboração na execução deste livro.

Aos meus alunos e amigos tão queridos, minha eterna Gratidão.

Ao Universo uma grande Reverência!

Sumário

Prefácio 11

Introdução 13

1. Entendendo a Constelação Sistêmica Familiar 17

2. As Leis que regem a Constelação Sistêmica Familiar 29

3. Solução: Harmonização do Sistema Familiar ou Frases de Solução para harmonizar uma Constelação Sistêmica Familiar 75

4. Compreensões da Vida 79

5. Constelações nos Sistemas Empresariais 105

6. Compreendendo os sinais da vida 111

7. Meditação 117

8. Considerações Finais 121

Referências 125

Prefácio

O meu objetivo com este livro é esclarecer e divulgar esta metodologia que permite harmonizar as relações e, mais do que isso, possibilita libertar tantas pessoas emaranhadas em situações de sofrimento.

Realizo aqui a minha Missão de Vida, pois acredito que muitos serão beneficiados com esta compreensão, assim como vocês, alunos queridos, que tanto elogiaram esta forma prática de expor a metodologia. A Constelação conversa com a alma das pessoas, e meu desejo é que mais almas buscadoras encontrem estas palavras, podendo assim seguir seus caminhos de evolução. Coloco-me humildemente a serviço da Vida e sei que atuarei levando paz a muitos corações.

O livro foi escrito no formato de perguntas e respostas, perguntas feitas a mim ao longo da minha jornada com esta metodologia. Por meio destas perguntas e respostas será possível, assim como em nossas reuniões e aulas, compreender de forma clara as questões do dia a dia que impedem a felicidade e realização de objetivos de vida.

Coloco aqui temas significativos como dificuldade de relacionamentos, sentimentos de estagnação, manifestação de doenças emocionais, por exemplo, a depressão e comportamentos negativos que impedem a convivência em harmonia como a agressividade. Trataremos também de uma questão atual: a baixa autoestima, que impede o sucesso em diversas áreas da vida. E, falando de temas atuais, abordaremos a questão das drogas, que têm levado tantas famílias ao caos, em uma época em que somos intensamente cobrados por resultados cada vez mais positivos, em que a competição se faz presente e o tempo para nos prepararmos para os desafios fica escasso. As respostas que aqui apresento trazem resultados imediatos, pois este conteúdo é aplicável e, mais ainda, atua na nossa compreensão, gerando automaticamente novos comportamentos. Baseio-me em questões diárias vividas por clientes que nos procuram em situação de sofrimento e dor e conseguem resultados assertivos em tempo recorde.

A Constelação Sistêmica Familiar traz à luz impedimentos até então ocultos e, com aceitação, ressignifica situações limitantes vividas por todos os membros do sistema. Por isso escrevi este livro, com base naquilo que as pessoas buscam compreender para obter resultados diferentes.

Convido você a se juntar a tantos outros que mudaram suas vidas e vivem hoje em harmonia, evoluindo e possibilitando a evolução de seus entes queridos. E a você, que passou por diversos processos de terapia, a conhecer algo inovador. E digo com toda certeza, pela experiência que tenho, que fará todo sentido, gerando mudanças significativas a partir desta leitura. Convido ainda meus alunos queridos e profissionais que lidam com pessoas a compreender seu cliente pela ótica da Constelação Sistêmica Familiar. Vamos juntos nesta viagem de transformação.

Introdução

Constelação Sistêmica Familiar é uma metodologia desenvolvida por Bert Hellinger que evidencia os comprometimentos nas relações que impedem a conquista da felicidade e harmonia individual e em grupo. Esta metodologia libera o indivíduo de traumas, carências, sentimento de tristeza, medo e auxilia na conquista de relações equilibradas e felizes. É considerada uma terapia breve, realizada por meio de movimentos em que o Facilitador ou terapeuta busca encaminhar o processo para uma solução. Todo ser humano nasce em uma família e compartilha de um destino comum, quer se queira ou não, somos vinculados ao que se chamou de "Constelação Sistêmica Familiar".

Para entender esse método é importante conhecer as experiências que o antecederam, bem como quem o desenvolveu. Bert Hellinger é um estudioso de Filosofia, Teologia e Pedagogia. Nascido na Alemanha em 1925, ele foi membro de uma ordem de missionários católicos e trabalhou durante 16 anos no sul da África, dirigindo escolas de nível superior. Nesse período se formou em Psicanálise e foi pioneiro em trabalhos de dinâmicas de grupos, atividade em que teve a oportunidade de aprofundar seus estudos de Terapia Primal, de Análise Transacional e em diversos métodos hipnoterapêuticos.

A partir de observações das relações entre membros de grupos, Hellinger identificou a atuação de uma Alma Grupal, de uma identidade de grupo, que atua se sobrepondo à identidade individual, explicando comportamentos inconscientes que são manifestados independentemente dos desejos individuais. Assim, desenvolveu a "Constelação Sistêmica Familiar", um método revolucionário que muito tem contribuído como ferramenta indispensável para soluções de problemas que se apresentam como impedimento à evolução. Por meio desse método, tornou-se possível compreender limitações pessoais que interferem na harmonia de um grupo. Em um trabalho de Constelação Sistêmica Familiar é possível perceber quais ligações ou vínculos familiares estão gerando desarmonias e, assim, encaminhar para um processo de harmonia ou cura. É possível desvendar os mistérios dos padrões limitantes, aqueles comportamentos que se repetem em várias gerações, bem como também compreender por que as possibilidades de evolução pessoal desejadas estão paralisadas.

Atuando como Facilitadora de Constelação Sistêmica Familiar, posso comprovar a eficácia desta metodologia em diferentes contextos, pois as respostas, independentemente de se acreditar ou não na metodologia, são visíveis já no momento do trabalho. Inúmeros são os *feedbacks* de clientes a que tenho acesso diariamente, comprovando os resultados. Ao contrário do que se acreditou durante anos, é possível ser feliz, é possível mudar e quebrar padrões de sofrimento que se apresentam de geração em geração, repetindo comportamentos limitantes em que ouvíamos dizer: "Esta família é assim". Como se tivéssemos que aceitar uma sina de fazer parte de uma família doente. A Constelação Sistêmica Familiar vem para derrubar essas crenças e possibilitar, com equilíbrio, a felicidade a todos os membros de um grupo.

Sem querer defender nenhuma religião, acredito em um Deus que quer seus filhos felizes e evoluindo, acredito e comprovo por meio dessa metodologia que tudo aquilo que se manifesta em nossas vidas é resultado de nossas ações, e não só das nossas, como também das ações de toda a nossa ancestralidade. Podemos mudar o que foi negativo, e podemos obter resultados que nos encaminhem à alegria e felicidade, e é isso que apresento a seguir em forma de perguntas e respostas claras e objetivas. No decorrer dos capítulos, apresento de maneira breve e objetiva todo o trabalho que desenvolvi a partir da compreensão e aplicação dessa metodologia, não só nos meus casos de atendimento, mas também na avaliação de resultados de casos atendidos por outros profissionais, a quem tenho a honra de supervisionar.

Apresento de forma clara como compreender as limitações apresentadas na vida e qual o caminho gerador de resultados libertadores.

Este livro é uma análise profunda de casos de clientes, avaliação dos impedimentos e comprovação de mudanças de maneira rápida e precisa, como é a Constelação. O que diferencia este livro de outros materiais sobre o tema é a elaboração de textos que esclareça leigos e especialistas. A minha visão e experiência em atendimentos com Coaching, Programação Neurolinguística, Comunicação Não Violenta e o Coaching Americano agregam muito para atendimentos precisos na aplicação da Constelação Sistêmica Familiar.

1

Entendendo a Constelação Sistêmica Familiar

*Conhecer a minha história é
conhecer a minha identidade.*

1. O que significa Constelação Sistêmica Familiar?

Constelação Sistêmica Familiar é um agrupamento sistêmico em que os membros estão interligados, ou seja, o que acontece com um integrante do sistema atua no outro, mesmo sem consciência. São peças interligadas mesmo sendo independentes. Uma analogia seria o nosso Sistema Digestivo, isto é, um conjunto de órgãos interligados com uma função comum: a digestão completa. E, para que a digestão seja efetivada perfeitamente, todos os órgãos que pertencem a este sistema precisam desenvolver seu papel, mesmo cada órgão tendo uma função única.

No Sistema Familiar, cada membro é uma peça importante, e a forma como atuou, os traumas que viveu, os valores, os sentimentos influenciam todo o sistema, mesmo em gerações posteriores. Quando se refere à Constelação Sistêmica Familiar, o grupo de pessoas do sistema são pertencentes à mesma família, vinculadas pelo amor, cuja atuação individual gera consequência para todo o grupo. O objetivo é a evolução e a felicidade, que fica comprometida quando qualquer um dos membros não atua em seu papel, em seu verdadeiro lugar dentro do grupo, e a força dos vínculos atua consciente ou inconscientemente, fazendo com que os comportamentos e os desafios vividos em um sistema sejam repetidos por outros membros, mesmo em gerações futuras. São os chamados "emaranhados sistêmicos". Cada escolha nossa interfere diretamente no sistema a que pertencemos. Se pensarmos quantas pessoas estão envolvidas para que um simples alimento chegue à nossa mesa, em uma roupa que usamos ou no funcionamento de um espaço que frequentamos para estudar ou nos divertir, vamos nos conscientizar de que cada escolha é um comando para ação de muitos envolvidos. Da mesma forma, em nossa família, experimentamos consequências libertadoras ou limitantes na vida pessoal, de acordo com a atuação que expressamos no grupo.

2. O que são Emaranhamentos Sistêmicos?

Se algo aconteceu a algum membro do grupo em gerações anteriores, e foi traumático e/ou não houve aceitação do fato, isso pode permanecer por várias gerações, gerando dor e sofrimento em honra àqueles que vivenciaram aquela situação. A consciência grupal busca a liberação dos fatos antigos mediante representação dos mesmos em membros de gerações posteriores.

Situações de doenças, dívidas, sentimentos de abandono e exclusão permanecem no sistema, atuando e paralisando a evolução. Por isso, para entender um padrão de limitação, um comportamento indesejado que se repete, investigamos sempre a situação presente e quais os membros que estão envolvidos, sofrendo em consequência. Falamos em emaranhados, vínculos que impedem a liberdade de expressão das escolhas individuais.

3. Como acontece uma Constelação Sistêmica Familiar?

A Constelação é algo vivencial. Acontece em uma sala, com um grupo de pessoas que se reúne normalmente em círculo, mantendo o centro vazio, local onde a situação será representada. O Constelado ou cliente traz ao grupo e ao Facilitador ou Constelador um problema que está vivendo e para o qual não consegue respostas ou mudanças. Essa questão é ouvida pelo Facilitador, cuja função é dar foco ao problema, deixando claro e específico o que o cliente deseja daquele trabalho.

Entre os participantes que estão sentados são escolhidas, pelo Constelado ou Constelador, pessoas para representar a situação-problema e representantes para as pessoas envolvidas. O Constelado posiciona esses representantes no centro da sala, após algum tempo, os representantes expressam movimentos, sentimentos e sensações. Gestos, olhares e movimentos manifestados pelos representantes têm significados que são interpretados pelo Constelador dentro do conhecimento da metodologia. Quando esses representantes são posicionados no campo de atuação da energia da Constelação, eles agem como atores e se colocam exatamente iguais às pessoas a quem estão representando, mesmo sem nunca as ter conhecido. Expressam sentimento de tristeza, alegria, raiva e se movimentam e posicionam com relação aos outros representantes exatamente como acontece na realidade. O Constelado, por sua vez, tem a oportunidade de assistir, como num filme, sua vida, com sentimentos e movimentos reais.

A energia que está atuando no sistema é expressa na representação e, caso algum fato esteja em segredo, ele se manifesta, pois não há segredos para o campo aberto pela Constelação. Isso é bom para o processo, já que pode ser que a questão venha a ser resolvida exatamente devido a um segredo de gerações. Assim sendo, os benefícios desse trabalho abrangem não somente a pessoa constelada, mas também todos aqueles que pertencem ao sistema, e que se encontram vinculados àquela situação limitante, sem a necessidade de estarem presentes fisicamente. As pessoas escolhidas como representantes também são beneficiadas. Aleatoriamente elas são convidadas a representar quem se identifica com aquela situação, isso é resultado da energia do campo da Constelação.

A partir da identificação da situação-problema, o Facilitador pede aos representantes que falem o que chamamos de Frases de Solução. São frases que atuam gerando compreensão e aceitação e encaminham o problema para a solução imediatamente. Os movimentos e sentimentos que são expressos pelos representantes, depois que pronunciaram as frases de solução, normalmente serão de harmonia e paz. Para o Constelado, houve a compreensão do envolvimento de cada membro ali representado e é possível enxergar o problema e sua causa em uma nova perspectiva. Um trabalho de Constelação Sistêmica Familiar dura em média de 45 minutos a uma hora, porém, a energia liberada continua se manifestando por meses ou até por um ou dois anos. As mensagens trocadas naquele momento agem como se realmente tivessem acontecido com as pessoas reais. Também é possível usar a metodologia Constelação Sistêmica Familiar em sessões de atendimentos individuais, trabalhar com o cliente de olhos fechados visualizando os membros de seu sistema ou usando objetos como bonequinhos para representar os membros do sistema que estão envolvidos na questão.

4. Como se explica o fato de pessoas que não conhecem o problema do Constelado representarem os mesmos sentimentos e sensações daqueles que estão representando?

Bert Hellinger explica que todos nós estamos conectados de maneira muito profunda com outras pessoas, e aqueles que entram numa Constelação como representantes de certo modo deixam seu próprio sistema e entram num outro sistema, penetram em outro campo e entram em ressonância com tudo o que pertence a esse campo em particular. A Constelação é parte desse campo, portanto os membros dessa família são afetados por aquilo que acontece ali. Aquele que guia a Constelação, o Facilitador, também entra nesse campo e fica em contato com todo o sistema, por isso pode sentir qual o problema e encaminhar para solução.

O que é colocado no campo não parte de uma ideia ou sugestão do Facilitador ou do cliente, as informações são acessadas dentro do campo da Constelação. Como seres humanos em evolução estamos todos conectados, vivendo num sistema no qual cada um interfere em todos os outros. É como quando pensamos em uma pessoa e ela aparece ou se comunica conosco. Ou quando estamos em um momento crítico e pedimos para alguém rezar por nós. Se ficamos próximo a alguém com problemas, mesmo quando nos afastamos, levamos conosco o sentimento do outro. Quando frequentamos um local onde as pessoas que estão ali, mesmo desconhecidas, manifestam sentimentos ruins, carregamos esse mal-estar, portanto não estamos sozinhos. Entrar no campo da Constelação possibilita a conexão com quem não se encontra presente.

5. A Constelação Sistêmica Familiar tem ligação com alguma religião?

A Constelação Sistêmica Familiar é um processo que faz parte da ciência fenomenológica, embasada em teorias científicas e filosofia aplicada por Bert Hellinger em grupos em que desenvolveu seu trabalho, portanto não tem vínculo religioso. Comprova-se a influência dos antepassados e membros do grupo que já faleceram porque somos resposta e consequência de tudo aquilo que foi vivido por eles. Nossas crenças e comportamentos manifestados hoje são aprendidos no seio familiar e, portanto, representamos o que foi vivenciado anteriormente ao nosso nascimento.

Compreendemos a correlação das Leis Sistêmicas com os ensinamentos bíblicos, exemplo disso é o primeiro mandamento, que diz: "Honrar Pai e Mãe". A Lei Sistêmica da Ordem demonstra a necessidade de honrarmos e tomarmos com gratidão a vida que recebemos para que possamos evoluir com harmonia. Infringir essa lei gera consequências limitantes a todo o sistema. Não existe vínculo religioso, as leis que atuam num sistema de relacionamento existem para garantir o respeito e fluir da vida em grupo, independentemente da escolha religiosa.

Exemplo de *workshop* de Constelação:

Lucia me procurou para constelar um sentimento de solidão e abandono inexplicável, que a afastava muitas vezes de seus familiares e a impedia de viver feliz. Ela já havia feito vários tratamentos e não conseguia resultado, tratando-se de um diagnóstico de problemas emocionais. Ao investigar o passado de seus familiares, ela nos contou sobre a vinda para o Brasil de sua bisavó materna, deixando na Itália a mãe, pai e irmãos em situação financeira precária, seus bisavós casaram-se na Itália, muito jovens, e se mudaram para o Brasil com um grupo de imigrantes. Em virtude da separação dos familiares vindo para um país distante, a sua bisavó passou grande parte da vida muito triste, inconformada com o afastamento. Teve aqui no Brasil uma filha, avó de Lucia, que sabiam ter tido depressão, essa mesma dificuldade também esteve presente na mãe de Lucia. Iniciamos a Constelação colocando representantes para a bisavó, a avó e para Lucia. Evidenciou-se o vínculo mantido que honrava o sofrimento da bisavó. Elas compartilhavam a mesma dor, nenhuma delas conseguiu ser feliz, vinculadas pela tristeza. A frase que demonstra esta ligação é: "Eu sofro em honra a vocês!"

Nesse caso, diante do sofrimento da sua linhagem feminina, tirei a representante e pedi a Lucia que tomasse o seu lugar. Ela então pôde pedir permissão para reverenciá-las sendo feliz, agradeceu a tudo o que aquelas mulheres haviam sentido e sofrido. Aceitando o destino de cada uma, recebeu a permissão para se libertar. Um sentimento de alívio foi manifestado por todos os representantes, elas podiam seguir seu destino com sensação de liberdade.

6. O que acontece após uma Constelação Sistêmica Familiar?

As acomodações vão se processando, tudo toma o seu lugar, e a partir das compreensões percebidas no trabalho de Constelação novas ações serão geradas e surge uma nova forma de enxergar a questão limitante. O cliente se percebe como protagonista da sua vida. Diminuem-se os julgamentos e transformam-se em aceitação. Sentimentos limitantes como tristeza, raiva ou medo são liberados, gerando novos movimentos. As relações se tornam mais calmas em busca de conciliação. O respeito se manifesta e torna possível enxergar o outro no seu lugar no sistema. As relações tornam-se mais verdadeiras. Mudanças podem se manifestar imediatamente, como num jogo de dominó, produzindo resultados em todo o sistema.

7. Quais membros de um Sistema Familiar sofrem a atuação dos vínculos?

Os filhos, os irmãos e meio-irmãos, incluindo os abortados, os natimortos e filhos ocultos, os pais e os seus irmãos, os avós e seus irmãos, os bisavós, os ex-parceiros dos pais, todos sofrem a atuação dos vínculos, assim como aqueles que perderam o direito à vida em consequência de algum ato cometido por um membro de outro sistema, isto é, se alguém cometeu um assassinato, o assassinado passa a fazer parte do sistema de quem o assassinou, como uma vítima da violência. Assim os vínculos criam uma ligação. Esses membros pertencem ao mesmo sistema e respondem por um destino comum.

8. Se sofremos a atuação dos vínculos, mesmo que inconscientemente por pertencer ao Sistema, como esta atuação se manifesta?

Manifesta-se através dos Códigos de Pertencimento. Os adolescentes se vestem com o mesmo tipo de roupa, falam a mesma gíria, frequentam os mesmos locais e se comportam da mesma forma.

A roupa, a gíria e os comportamentos comuns são os "códigos" que demonstram este pertencimento.

Os códigos passam uma comunicação: "Eu sou adolescente" (eu faço parte deste grupo de adolescentes).

É possível reconhecer um membro de um grupo religioso pela sua vestimenta ou até pelo corte de cabelo. A vestimenta e o corte de cabelo são "códigos" que comunicam o pertencimento. Os torcedores sentem orgulho ao vestir a camiseta de seu time favorito. A camiseta do time é um "código" de pertencimento. Dizer a nacionalidade, cantar o hino do país gera um sentimento de orgulho. Estou comunicando que faço parte daquele grupo.

Essa é a felicidade de pertencer. Se alguém quer conquistar um padrão financeiro mais elevado do que o atual e evita frequentar os locais que outras pessoas com esse padrão frequentam, está passando a comunicação: "Eu não faço parte!" Portanto a mente inconsciente poderá sabotar a possibilidade de evolução financeira, atendendo ao seu pedido de pertencer. Manifestamos como Código de Pertencimento uma doença ou outra limitação presente na família, como dificuldades financeiras, vícios, desequilíbrios emocionais ou dificuldades nos relacionamentos conjugais. Também nessas limitações estão sendo passadas as comunicações: "Eu faço parte!", "Eu pertenço a este sistema!" A manifestação se dá por carregarmos dores e dívidas contraídas em outra geração que nos impedem de assumirmos a nossa própria vida em nome daqueles que não puderam evoluir, ou por assumirmos responsabilidades de outros membros que já faleceram.

Manifestamos os códigos de pertencimento de maneira inconsciente. É como uma grande vontade, que nem sabemos de onde vem, de ser igual. Manifestamos sem perceber ou querer. Intimamente sentimos que precisamos fazer parte e demonstramos através dos códigos de pertencimento. Quando digo que manifestamos de forma inconsciente é porque ninguém diz: "Quero ter dificuldades financeiras como meu pai". No entanto, posso reproduzir o mesmo comportamento me sentindo igual a ele. Sentir-se igual traz um sentimento de pertencimento. Quando manifesto a mesma doença que minha mãe me sinto conectada a ela, e isso pode até gerar raiva, mas nos sentimos como se tivéssemos o mesmo destino. Ouvimos alguém dizer: "Meu pai e minha mãe se separaram e eu e minhas irmãs também não conseguimos manter um relacionamento feliz". É como se existisse uma aceitação desse vínculo. Um destino comum. Também existem vínculos positivos, ou seja, situações em que nos ligamos aos nossos pais e que nos mantêm em situação de sucesso: "Ele é médico, igual ao pai, e tem também uma carreira de sucesso. Segue os passos do pai".

O que vamos buscar num atendimento de Constelação é a felicidade. Não existe nada de errado em nos vincularmos aos nossos familiares, isso existe naturalmente, porém o nosso maior propósito é a evolução, e se essa evolução está comprometida por vínculos de impedimento a insatisfação aparece através de sentimentos negativos, como a tristeza, por exemplo, que se manifesta para chamar a nossa atenção com relação às perdas, perder a oportunidade de evoluir, de ser feliz. O que a Constelação nos possibilita é a oportunidade de nos mantermos vinculados ao grupo e evoluir, cumprir a missão que nos cabe. Quando a família se vê vinculada pela dor, todos sofrem, porque vivemos num sistema no qual o resultado de um impacta no resultado do outro. Como um membro vai ser feliz se o outro encontra-se em sofrimento? Como uma mãe vai ser feliz se enxerga o filho com a mesma dificuldade manifestada por seu pai? Se tivermos o conhecimento das Leis da Constelação, poderemos fazer escolhas que nos encaminhem a resultados positivos e, é claro, contaminarmos o nosso sistema com evolução individual e de grupo.

9. Como manifestamos a ligação entre os membros do Sistema?

Existe um vínculo que liga todos os membros de uma família. A "Consciência Familiar", nome dado por Bert Hellinger, que vela pela coesão entre os membros. Estamos expostos e subordinados a esses vínculos, independentemente de nossa vontade. A consciência familiar garante o direito de pertencer a todos os membros do sistema, inclusive aqueles que faleceram, garante o equilíbrio entre o dar e receber, assim como o respeito à Ordem de Precedência.

Bert Hellinger demonstra por meio dessa metodologia que existem três leis que atuam no sistema para manter Equilíbrio e Respeito, garantindo o direito de Pertencimento. Conhecer essas leis e respeitá-las é um passo fundamental para o progresso da humanidade; quando infringimos essas leis nos vinculamos por situações negativas que paralisam a evolução, isso porque as leis são observações de formas de atuar dentro do grupo de relacionamento para garantir o direito de cada membro. Em nossa sociedade, respeitamos o direito de vida de cada um. Se alguém matar outra pessoa vai responder criminalmente por essa ação, de acordo com as regras impostas pelo nosso grupo. Portanto, as leis existem para garantir o direito de cada membro de pertencer e ser respeitado. Assim é na Constelação. As leis garantem o equilíbrio do Sistema.

Um exemplo de uma situação bastante comum entre pai e filho. Um filho nega seu pai alcoólatra. Em decorrência de comportamentos de agressividade manifestados pelo pai, não existe conexão entre os dois. O filho julga o pai e o exclui da convivência familiar. Assume o lugar dele e passa a se responsabilizar pela família. Em virtude da responsabilidade assumida se sente infeliz e não consegue evoluir em seus objetivos e dedicar-se a sua própria vida. Pela insatisfação e falta de conexão com o pai, sente-se limitado, desenvolve sentimentos de indecisão, baixa autoestima e fraqueza perante a vida. Para que essa situação seja resolvida, cabe ao filho reconhecer o pai, agradecer pela vida com aceitação de que o pai fez o melhor que podia. Permitir que a mãe resolva as próprias dificuldades, ajudando-a da maneira que for possível, desde que não interfira em suas decisões e garanta a ele, como filho, o direito de seguir seu destino.

Já vi inúmeros casos em que o filho julga e condena o pai pelo comportamento agressivo que expressa dentro de casa com a esposa. O filho se limita querendo cuidar da mãe e defendê-la, mas a mãe aceita e escolhe viver com aquele homem, contrariando o filho. Existe aí um emaranhado que impossibilita o filho de ser feliz e impossibilita a mãe de tomar uma resolução, já que é defendida pelo filho. Todos sofrem e ninguém se liberta. E o que ainda pode ocorrer é que esse filho, em um determinado momento, pela insatisfação com a vida, passe a beber igual ao pai. Manifesta o vínculo que comprova que faz parte daquele sistema assim como o pai.

A evolução da humanidade preza pelo progresso em todos os aspectos, cada desafio vivido poderá gerar um degrau para direcionar ao sucesso, a escolha de permanecer igual é ignorada, como se fosse um destino cruel. Esclareço isso por perceber inúmeros casos de vitimização em que dizem "na minha família é assim", ou seja, eu sou consequência do que aconteceu com eles. Ser vítima de uma situação limitante é escolha, não é aceitação e sim acomodação. É possível fazer parte do grupo e manifestar resultados positivos se a postura for de quem se empodera e toma a sua vida como uma dádiva, reverenciando com gratidão sua ancestralidade. Para isso, é preciso assumir, aprender com eles, com aceitação de suas escolhas. E saibam que contamos com uma força extra para direcionarmos para nossa evolução. A vida flui quando está no caminho do servir. O apego é muito mais doloroso do que a dor da mudança e gera muitos problemas. A pessoa apegada, que não deixa a vida fluir, que não consegue deixar ir aquilo que na realidade já foi e se mantém numa postura de inocência infantil, fingindo que não enxergou as mudanças e agindo dia após dia sem perceber as consequências da paralisação, atrai para si pessoas ou situações que vão mantê-la naquele estado. Exemplo: uma pessoa que reproduz o padrão financeiro limitante do pai que era empresário e vivia em situação de instabilidade. O filho, também empresário, atrai para si clientes também instáveis, funcionários que não colaboram com a produção gerando prejuízos, empréstimos de capital com juros altos e outras situações que o impedem de sair do padrão limitante do pai.

Uma mulher que honra a mãe que viveu sozinha atrai para si um companheiro que não pode viver ao seu lado e construir uma nova família, porque já é casado ou porque vive uma situação que o liga a uma companheira anterior, como doença ou filhos dependentes. Em ambas as situações existe o apego que mantém atuante o vínculo familiar. Essas pessoas normalmente expressam o apego de alguma forma, é como se o inconsciente, a alma, quisesse mandar um recado: "Você está apegado a algo que o impede de evoluir". E como surge esse recado? Por meio da obesidade ou dificuldade de emagrecer, mesmo com todas as dietas; através de comportamentos de acumuladores, dificuldade de se desfazer daquilo que não usa; dificuldades em lidar com perdas, como deixar um filho seguir seu destino, ou sofrer demais com o afastamento de alguém querido e outros, que manifestam o acúmulo ou não fluir da vida em seus diferentes aspectos. É mais sofrido viver com o apego do que deixar ir, embora a primeira compreensão seja "eu não posso viver sem isso".

O que quero dizer é que existe mesmo uma força extra que nos auxilia quando nos colocamos no caminho da evolução. A vida preza pelo fluir. Já ouvimos algo assim: "Pensei que seria tão difícil, mas deu tudo certo, incrível como apareceram as pessoas certas e tudo fluiu tão rápido". Isso acontece em inúmeras situações. Para se conectar com essa força que conspira a nosso favor é preciso se desapegar, respeitando as leis que atuam garantindo o fluir da vida, a evolução.

As Leis que regem a Constelação Sistêmica Familiar

*Existe uma Alma Grupal, uma Sabedoria Maior
que rege todo o sistema para garantir
a evolução da Alma individual.*

Para que um conflito seja trabalhado no sistema, a Constelação atua com algumas leis como regras para adotarmos no dia a dia e manter todo o sistema familiar ou organizacional em Ordem e Equilíbrio. Estas leis são apenas três, a saber:

- Lei do Pertencimento
- Lei da Ordem
- Lei do Equilíbrio

São leis que se interligam, ou seja, num mesmo emaranhado ou problema é possível identificar desarmonia referente a uma ou mais leis. Relacionamentos humanos saudáveis baseiam-se no Equilíbrio de valores, Respeito ao pertencimento e à Ordem.

Lei do Pertencimento

1. O que diz a Lei do Pertencimento e como ela atua em nossos relacionamentos?

Todos os membros têm direito de pertencer ao sistema. É considerado benéfico tudo aquilo que me dá o direito de pertencer e prejudicial aquilo que tira o meu direito de pertencer ao grupo. A felicidade maior está no sentimento de pertencer. Um bebê que foi rejeitado pelo pai ou pela mãe na gravidez pode apresentar essa dor de rejeição por muitos anos, ou até pela vida inteira. Algumas pessoas se sentem infelizes, e quando vamos identificar a razão, apresentam um sentimento de não pertencimento. O que dizem é: "Parece que não pertenço a lugar nenhum. Nenhum lugar ou nada está bom para mim". Investigar essa situação nos leva à situação de rejeição vivida na infância, ou até na gestação a criança não recebeu o seu lugar.

O aborto, assim como o assassinato, é uma exclusão. Quando alguém é excluído do sistema, outro membro é escolhido para representá-lo. Pode ser um filho seguinte a um aborto, ou um membro de geração posterior (filhos, netos ou bisnetos). Essa representação é a atuação da lei, trazendo para o sistema o reconhecimento daquele que foi excluído mediante a manifestação de outro membro.

2. De que outras maneiras, além de aborto ou assassinato, pode-se infringir a Lei do Pertencimento?

É possível infringir a Lei do Pertencimento também pela discriminação. Ao discriminar, se exclui por julgamento de características de raça, cor, sexo ou classe social o direito de pertencer. Quando é tirado de alguém o direito de pertencimento, nasce um sentimento de raiva, consequência do desrespeito, e percebe-se este sentimento como origem de muitas desarmonias sistêmicas. Mesmo dentro do grupo familiar são evidenciados comportamentos de exclusão entre irmãos, provocado por ciúmes e interpretação de que seu lugar foi ocupado.

A filha que se coloca ao lado do pai exclui a mãe quando critica seu comportamento, o filho que se coloca do lado da mãe, tomando o lugar do pai, também o exclui por julgar negativamente seu comportamento. A mulher que critica o marido para os filhos, invalidando o lugar dele como pai, o exclui sistemicamente, e a consequência são filhos fracos, porque eles se sentem sem o pai. Quando digo se sentem sem o pai, estou me referindo ao pai internalizado na criança. A representação interna positiva do pai na criança faz com que ela se sinta protegida, e a negativa que acredita em um pai fraco faz com que se sinta enfraquecida. A representação interna é a visão que intimamente a criança desenvolve do pai.

Percebemos também a exclusão, uma exclusão interna, quieta, que está no coração e na maneira de agir em diversos fatos da vida cotidiana: a esposa atual que exclui os filhos do casamento anterior do marido ou vice-versa. O irmão que exclui o outro irmão por seu comportamento e porque sente ciúmes. A esposa exclui a mãe do marido, ou o marido que exclui a sogra, um cunhado ou cunhada que o cônjuge exclui, porque o marido ou esposa se coloca para ajudar. A sogra que exclui a nora. Em todos esses casos existe a necessidade de dar o lugar para que haja harmonia no sistema. Sente a exclusão o membro excluído e também aquele membro que está ligado ao excluído, mesmo não manifestado, já que a exclusão não é verbalizada, o vínculo atua também no membro ligado ao sistema, e este vai se sentir excluído e não se sente feliz em estar com a família. Falta algo sempre, às vezes, até pode apresentar um comportamento de exclusão como um vício, por exemplo, ou algo que o tira do convívio familiar. Como este membro pode ser feliz com a sua família se aquele parente não tem o lugar reconhecido? Seria uma traição.

A necessidade de pertencimento, como já falamos no início, é inconsciente, e é cobrada com sentimentos de raiva. Esse sentimento é manifestado através de comportamentos de agressividade todas as vezes que essa necessidade não está sendo atendida. Todo membro que se sente excluído cobra o sistema por seu lugar quando este lhe é tirado. Nos casos que citei acima, quem manifesta o sentimento de raiva em nome do excluído é aquele que pertence ao sistema, já que o excluído não pode cobrar esse direito. Por exemplo, um marido se casa pela segunda vez e tem dois filhos da primeira relação; a atual esposa não aceita os filhos do primeiro casamento, embora não manifeste, ela os exclui de uma maneira velada. O marido não vai estar inteiro para sua segunda esposa, pois significaria uma traição aos seus filhos. Isso não precisa ser manifestado verbalmente, mas o sentimento de exclusão não permite haver harmonia no relacionamento. Isso também acontece com outros membros, pois existe a necessidade de ficar ao lado daquele que é mais fraco. O pai vai se juntar aos filhos emocionalmente, mesmo que fisicamente esteja ao lado da segunda esposa.

3. A representação através de outro membro parece algo injusto. Qual a explicação para essa atuação inconsciente?

É polêmico trazer à tona a compreensão dessa atuação da Lei do Pertencimento. Quando alguém perde o direito de pertencer, outro membro do grupo vai representá-lo. Entendemos que fazemos parte de uma consciência maior. A consciência grupal. A força do grupo se sobrepõe aos direitos individuais. Quando alguém perdeu seu direito de pertencer, a consciência grupal traz a representação em outro membro para que o direito que foi negado seja reconhecido. É uma cobrança ao sistema que negou o pertencer, é a cobrança que equilibra, pois ninguém pode tirar o direito de pertencimento e ficar impune. A representação equilibra o sistema, por mais que isso nos pareça estranho, quando observamos o movimento de uma Constelação isso fica evidente no comportamento do representante, e quando é dado o lugar àquele que foi excluído, todos os representantes manifestam um sentimento de paz. Se representamos numa Constelação um aborto, aparecerá um membro do Sistema que o segue. Quando esse aborto é reconhecido no Sistema, o membro que o seguia pode seguir outro destino. Nesse caso também um membro se liga àquele que é mais fraco, buscando seu reconhecimento.

4. Quem escolhe o membro que vai representar a exclusão?

A união de membros de um grupo se dá por vínculos de amor, esse vínculo, ou emaranhado sistêmico, mantém ligados os membros de um Sistema. Em nome desse vínculo um membro posterior é escolhido pelo grupo, inconscientemente, por amor ou em nome do equilíbrio do grupo. Normalmente é aquele membro que não se encaixa nos padrões da família, ele quer trazer à tona algo que está inconsciente para o grupo. Em casos de aborto, normalmente é um filho que vem depois; como ele poderá ser feliz se o irmão que o antecedeu não teve esse direito? Então ele se une ao mais fraco, buscando o reconhecimento. Podem acontecer representações também em sobrinhos que buscam por um tio querido ou a filha que representa a ex-namorada do pai ou ao contrário, o filho representando o ex-namorado da mãe. A representação é uma maneira de mostrar fidelidade ao membro excluído.

5. Como um membro do Sistema manifesta a representação de um excluído?

A representação de uma exclusão é manifestada por meio de comportamentos excludentes. É todo e qualquer comportamento que impede alguém de relacionar-se com harmonia com os outros membros, de interagir, evoluir individualmente e participar da evolução do grupo. A dependência química, desequilíbrios emocionais como a depressão, doenças limitantes, estados de apatia perante a vida são exemplos de comportamento de exclusão. Olhamos o indivíduo e o que ele apresenta é um estado de não presença. Alguns o veem como tímido, apresentando falta de ação e tristeza. Não se sente pertencente, é muito indeciso e não consegue terminar aquilo que inicia, fica buscando sempre algo novo que também vai parar pela metade, pois são muitas as insatisfações. A pessoa até fala que quer mudar, mas não consegue, e alguns dizem que sentem um cansaço inexplicável, podem até dormir por longos períodos.

Em casos de dependência química podemos ver claramente as consequências do infringir a Lei do Pertencimento. O uso de drogas é um comportamento de exclusão. O dependente tem uma sensação de não pertencimento. Ele busca o efeito da droga para preencher a sensação de vazio que ansiosamente precisa ser saciada. Além do uso de drogas apresentam também outros comportamentos semelhantes aos que relacionei acima.

Exemplo de *workshop* de Constelação:

Uma senhora me procurou para constelar uma situação de relacionamento com seu filho, ela havia se separado do marido há mais de 15 anos e morava com esse único filho. Um rapaz de 23 anos, que ela nos contou, só se comunicava para agredi-la verbalmente e criticar seu comportamento sempre quieto, não participava de reuniões familiares e nada que fizesse o deixava contente. A mãe buscava incessantemente pelo amor desse único filho. O ex-marido mantinha com o filho uma relação superficial, feliz nos encontros quinzenais e algumas férias, porém não interagia cotidianamente nem acompanhava a vida do filho.

Montamos a Constelação com representantes da cliente, seu filho e o ex-marido. O representante do filho olhava fixamente para o chão com sentimento de muita tristeza, quando perguntado sobre o sentimento que tinha para com a representante da mãe, disse sentir muita raiva. O representante do pai se afastava, preocupado com o filho, mas sentia não ter responsabilidade e nenhuma ligação com aquela cena ou com o sentimento do filho. Como o representante do filho olhava para o chão, perguntei à mãe se ela tinha tido aborto e ela respondeu que sim, antes de conhecer o pai de seu filho. Coloquei no chão um representante para o aborto, mas o sentimento de tristeza do representante do filho se intensificava, como se houvesse mais abortos, então perguntei novamente, e ela chorando respondeu que tinham sido dois abortos. Com a representação dos dois abortados, o representante do filho se uniu a eles, indo em direção ao chão e os abraçando, chorando muito e culpando a mãe com muita raiva pela exclusão.

Fiz o trabalho de aceitação compreendendo que esta era a realidade. A mãe percebeu a exclusão, deu a eles o lugar que lhes pertencia no sistema; o lugar de filhos com amor. Teve a oportunidade de limpar o seu coração com a aceitação. Foi dado um lugar de amor a cada um: o primeiro, o segundo e o terceiro filho, vivo ao seu lado. Assim o filho pôde aceitar a vida e disse aos representantes dos irmãos: "Eu vivo por vocês!" Diante da mãe, o filho pôde enxergá-la, e num trabalho de aceitação e compreensão foi possível se aproximar dela. Quando se conectou com a mãe pôde ver o pai e buscar por ele recebendo a sua força e amor; agora todos tinham um lugar e ele podia viver. O filho reverenciou a vida se sentindo pertencente.

6. Como o relacionamento com os pais, respeitando a Lei do Pertencimento, pode influenciar outros tipos de relacionamentos?

Quando me sinto pertencente ao grupo familiar, tenho um lugar também nos outros grupos com que me relaciono, quando respeito o lugar de cada um na família, respeito também o lugar de cada membro de outros grupos a que pertenço, manifestando comportamentos de aceitação independentemente de cor, raça ou condição sexual. Uma família na qual o lugar de cada um é respeitado gera indivíduos que aceitam os outros como são. Preconceito e discriminação são consequências das relações familiares de críticas e julgamentos. Tudo aquilo que expressamos em nossas relações é consequência do aprendizado das atitudes da família. Sofremos influência constante e aprendemos a enxergar o mundo pelos olhos de nossos pais, quando em casa o indivíduo foi educado a respeitar o lugar do outro, na sociedade também saberá que cada um pode pertencer. Estamos vivendo um momento em que os filhos cobram dos pais quando percebem atitudes de exclusão, a aceitação nos jovens se amplia à medida que interagem com um maior número de pessoas nas redes sociais. Isso não invalida a necessidade de se sentir pertencente à família de origem. Quando não se tem lugar na família, a necessidade de pertencer busca outro grupo para o indivíduo se sentir pertencente, e esse grupo poderá ser o de "drogados", por exemplo.

Quero esclarecer que, se uma família exclui um filho por condenar seu comportamento, ele poderá buscar um grupo "de excluídos" para pertencer, o acolhimento, mesmo que haja diferenças, gera harmonia. Compreendo que não é fácil acolher quando o comportamento gera problemas na família, mas o acolher é mais curador para o indivíduo e para o sistema do que o excluir, e existem maneiras de acolher que não precisam ser fazendo aquilo que desorganiza o Sistema. A compreensão sobre a atitude de dar amor, mas exigir evolução, normalmente leva à aceitação. Dar amor não é dar dinheiro, mas reconhecer o pertencimento e lidar com o problema. A família que dá o lugar e respeita as diferenças gera seres humanos que convivem em grupos, interagindo com facilidade. Cabe analisar cada caso, pois nem sempre o fato de uma família colocar o filho fora de casa significa que o está excluindo. Na realidade essa família pode estar dando ao filho o poder de escolha; ele tem um lugar na família, e para isso precisa respeitar os limites impostos pelo pai ou mãe. Então o filho sabe que, se quiser, existe um lugar para ele, mas, como em qualquer grupo, para se viver em comum é necessário respeitar regras.

Crianças que foram criadas sem respeitar regras, sem disciplina podem, quando adolescentes e adultos, exigir que os outros cumpram suas vontades, afinal, foi assim que aprenderam. Então será desafiador colocar limites em quem não conheceu o respeito ao grupo, mas esta é a necessidade da alma, e se for necessária esta exclusão é importante que o filho saiba que o que está acontecendo é consequência de suas escolhas, e estas escolhas não condizem com as regras para se viver naquele grupo. Viver em família significa colaborar, fazer a sua parte. A compreensão, quando isso é cobrado desde criança, é que essa é a sua parte no grupo, e isso é pertencimento. Pertencer também é assumir responsabilidades, a atitude de permitir que o filho não participe das regras da casa já é uma exclusão. A família que se desenvolve unida é vinculada por respeito ao outro, e todos se sentem pertencentes.

Quando orientamos um cliente a guardar dinheiro, por exemplo, em caso de Coaching financeiro, perguntamos o quanto a sua família está envolvida nesse seu objetivo. Porque se o objetivo for compartilhado ficará mais leve e muito mais gratificante a sua realização. Fazer parte significa estar colaborando com aquilo que a família vive. Um pai ou mãe que exclui os filhos dos problemas da família está gerando uma exclusão que aparecerá num sentimento de raiva pelos pais.

Atendi um caso de uma mãe que buscou pela Constelação para olhar para seu filho de 16 anos, que apresentava comportamentos de exclusão com o vício em maconha. O garoto estava sempre irritado e agressivo com os pais, embora estes lhe dessem tudo o que pedia. A família era composta do pai, mãe, uma irmã mais velha que tinha paralisia cerebral e esse filho caçula. O que apareceu na Constelação, e a mãe confirmou, foi que o filho sempre foi poupado dos problemas da irmã. Mal deixavam que se aproximasse dela, entendiam que a menina era problema deles e que tiraria o sossego do irmão. Ficou claro que buscavam excluir essa filha, não havia aceitação do destino dela, e o fato de não a aceitarem excluía também o filho sadio e mais novo. Na Constelação, o filho buscava pela irmã, queria dar a ela o seu lugar e fazer parte também, ajudando a cuidar, e como era impedido, se excluía e rivalizava com os pais, cobrando pelo lugar da irmã. Não queria receber o que davam a ele. Não queria estudar nem ser feliz. Compreender isso gerou harmonia e manifestação de amor no sistema, a aceitação de cada um com seu destino, e a família pôde se unir.

Importante salientar algumas considerações sobre a Lei do Pertencimento. Pertencer significa arcar com tudo aquilo que me dá o direito de fazer parte. Em todos os grupos existem regras para garantir direitos iguais. Pertencer a um determinado grupo envolve aceitar as regras que mantêm aquelas pessoas unidas por um objetivo comum. Por isso é tão importante a criança crescer aprendendo a respeitar regras. O mundo não é bonzinho para aceitá-la fazendo parte de um grupo, se as regras não forem respeitadas. Dizer não a um filho significa dizer: "Você faz parte deste grupo, e aqui funciona assim". Ele ganha o pertencimento. O sim que o diferencia do grupo não o faz feliz e não gera evolução, desarmonizando o sistema.

Quando falamos em inclusão, falamos em dar o direito de pertencer, afinal não é a cor da pele ou o sexo que vai dizer se o indivíduo vai ou não respeitar as regras impostas por aquele grupo. A evolução representa a busca por pertencer a determinado grupo, são as conquistas de cada um dentro de suas escolhas. Celebrar as conquistas dos filhos, por menores que sejam, é dar o pertencimento. É reconhecer que existe interiormente a necessidade de pertencer, fazendo aquilo que o grupo valoriza. Perceber que cada palavra que os pais falam aos filhos estará reconhecendo o seu lugar ou o afastando é muito importante para o desenvolvimento do grupo. Quando digo ao meu filho: "Muito bem, você fez um desenho lindo!", ele se sente fazendo parte, valorizado, igual ao seu grupo. Quando o filho escuta: "Você é um preguiçoso, vagabundo, não faz nada direito", ele é diferente, não faz parte daquele grupo, e aí vai manifestar comportamentos de exclusão, afinal, foi o que sentiu. Com estes exemplos gostaria que o leitor percebesse que a Lei do Pertencimento não é algo fora da nossa realidade. Que a manifestação de um comportamento de exclusão é resultado daquilo que foi vivido no grupo. Representação é algo justo e poderoso.

Exercícios para Reflexão / Meditação

Feche seus olhos e pense na sua família. Aquelas pessoas que seu inconsciente trouxer.

Olhe-as uma a uma e perceba o sentimento que se manifesta quando você as vê, mesmo que de olhos fechados, afinal, já existe dentro de você uma representação, uma memória de cada um.

Você pode fazer isso bem devagar, respeitando o seu tempo para que o sentimento se apresente diante de cada familiar.

Entre em contato com o sentimento com total aceitação, porque você já sentia isso. Respire suavemente e, quando já souber o que sente por cada um, responda:

Quem você exclui?

Mesmo que nunca tenha manifestado explicitamente, quem você exclui? Quem você não gostaria que pertencesse a este grupo, ou melhor, até aceitaria se essa pessoa fosse de outra forma.

E o que isso gera de consequência na sua vida e no seu grupo familiar?

Reflita sobre isso e busque a aceitação. Acolha essa pessoa que já faz parte da sua vida com amor e diga mentalmente:

Você faz parte! Eu também. Da forma que somos.

Agradeça mentalmente a cada um.

Lei da Ordem

1. O que diz a Lei da Ordem e como ela atua nos relacionamentos?

A Lei da Ordem nos fala sobre o respeito ao lugar de cada um dentro do Sistema Familiar com a força que seu lugar de precedência lhe concede, a hierarquia sistêmica. Nos sistemas de relacionamento, a hierarquia atua pela precedência no tempo, isto é, os membros que nasceram antes têm autoridade sobre aqueles que nasceram depois. O avô tem precedência sobre o neto, o pai tem precedência sobre o filho, o irmão mais velho tem precedência sobre o irmão mais novo.

A ordem gera paz em qualquer situação. Quando nossa casa está em ordem, tendemos a sentir tranquilidade e paz, quando um trabalho é realizado respeitando uma ordem, todos os que participaram comemoram os resultados positivos. Parece que só de pronunciar com respeito a palavra Ordem nos sentimos mais leves, você pode experimentar isso agora. Pronuncie três vezes vagarosamente a palavra Ordem e quando terminar respire e perceba seus sentimentos.

O que nos leva a um estado de leveza manifesta a ordem, a natureza tem tudo em seu devido lugar. Em uma família, quando seus membros são respeitados hierarquicamente, todos ficam em paz para seguir suas vidas. Quem não se lembra de uma cena de filhotes de patinhos seguindo a mamãe pata em fila, um atrás do outro, respeitando uma ordem? A ordem contém a disciplina, e quem consegue ter sucesso sem disciplina? O fluir da vida exige o respeito, a ordem, e ignorá-la leva ao caos. No sistema familiar percebemos cada vez mais filhos que não respeitam o lugar de poder de seus pais, buscam confrontar negando a ordem sistêmica e a hierarquia, sendo possível compreender por que tantas famílias vivem sofrendo sem solução. Não é somente o desrespeito de pais e filhos que percebemos atualmente, há muito mais: maridos que mantêm as esposas num lugar de submissão, esposas que se colocam mais fortes que o marido na família etc.

Quando recebo um cliente com questões de desarmonia com os

filhos, busco compreender quem está fora de lugar, quando cada um ocupa seu lugar na família, o sistema inteiro se beneficia. Se você está vivendo uma situação crítica com seus filhos, busque identificar quem está fora de lugar. Qual membro da família não está tomando o seu lugar. Isso se reflete nos seus filhos. Falei da família, mas na vida tudo o que vem antes precisa e deve ser reverenciado e respeitado. Aceitação, gratidão e respeito à precedência. Não existe o presente sem reconhecer o passado, aceitação dos fatos exatamente como aconteceram, pois negar o passado paralisa o presente, aquele que não aceita o passado vive ainda preso a ele chorando aquilo que não existe mais. E continuará chorando, até aceitar e poder viver o presente. Aquilo que um indivíduo é hoje é o resultado de tudo o que fez, de tudo o que aprendeu e viveu com suas consequências e aprendizados. Nossa maior força vem do respeito e reverência aos nossos ancestrais, pois eles representam nossas raízes, nossa estabilidade.

Ao longo do tempo, as famílias foram perdendo esse valor, isso justifica tantos jovens perdidos, depressivos e ansiosos buscando algo que os complete. As pessoas são incentivadas a negar o passado. Podemos sim virar uma página da vida, mas o texto continua ali, e o que vem depois é sequência. Virar a página não apaga o que foi escrito. O sentimento de vazio tão frequente hoje nas pessoas é consequência da falta de conexão com seu grupo de origem, com seu passado valioso, e a ânsia de preencher esse vazio leva à compulsão das mais diversas formas. Um casal vive em harmonia quando ambos aceitam os pais do seu cônjuge, no lugar que a eles pertence. Um filho que deixa a casa dos pais para viver sozinho ou construir sua família só progride quando reverencia com gratidão o que recebeu e diz: "Agora eu faço por mim!"

Cada vez mais pessoas buscam pelo destino sem valorizar o caminho. A ansiedade que desmerece a ordem dos fatos. Quando me conecto com a ordem, não existe ansiedade. O que preciso fazer hoje, agora, para garantir o resultado que busco? Assim fico no presente, respeitando a ordem. O que virá depois depende do que faço agora, é uma ordem. Essa compreensão tira expectativas de futuro, pois nos coloca no fazer, na ação presente que gera na ordem o resultado esperado. Um profissional que chega numa empresa para ocupar um cargo de liderança deve reverenciar tudo o que foi feito anteriormente, e então introduzir o novo. O desrespeito à ordem nesse caso gera a união do grupo contra o novo chefe. A Lei da Ordem traz ao sistema o respeito à precedência, a harmonia sincera de que tudo tem seu lugar e precisa ser respeitado. Permite a todos os membros a valorização do que é, como é, isso gera leveza e paz que se potencializa em resultados harmônicos para todo o sistema.

Também na Lei da Ordem existe um desrespeito velado, oculto, que impede a evolução de muitos indivíduos, e é isso que eu quero trazer ao leitor. Muitos ainda enxergam as Leis da Constelação como algo fora e longe, como se não atuasse em você gerando limitação. Se pensa em algo do passado e isso gera tristeza, significa que ainda existe vínculo e que não gerou evolução. Se pensa em alguém que morreu e sente tristeza, ainda está preso a essa pessoa, pode ser até que ainda exista a culpa de não ter feito algo que poderia mudar o destino. Aceitar as perdas é algo desafiador, posso pensar em alguém que se foi, sentir saudades, mas compreender que existiu algo maior do que eu poderia interceder e aceitar e me colocar para viver em honra de quem já se foi. Uma mãe que perdeu seu filho pode sentir saudades e agradecer por ter sido sua mãe, porém deve celebrar a vida com os filhos que permanecem aqui. Uma pessoa que perdeu a mãe pode compreender que esse foi o destino de alguém muito querido, que esteve com ela o tempo que foi possível e lembrar com alegria de tudo que pôde receber. Um relacionamento que acabou deixou marcas e aprendizados. Devemos deixar o passado no lugar dele e ir em direção ao futuro carregando tudo de bom que recebemos do outro. Mas como podemos aprender com isso para viver um presente feliz deixando o outro seguir? Um empresário que perdeu sua empresa poderá seguir adiante e conquistar sucesso novamente se deixar no passado as atitudes que o levaram à falência. Tudo é uma sequência, mas, se estou preso ao passado, não existe um novo momento de sucesso e conquistas. As mágoas do passado são vínculos potentes que prendem e impedem o seguir adiante. Um coração cheio de mágoas mostra feridas abertas que ainda precisam ser curadas, e enquanto a cura não ocorrer permanece ali, cuidando das feridas e ainda sentindo as dores. O tempo passa, mas a vida está presa.

Exercícios para Reflexão / Meditação

> Pense em algo que não está fluindo em sua vida. Uma situação em que gostaria de obter um resultado diferente.
>
> Entre em contato com o sentimento que essa situação desperta em você.
>
> Pergunte à sua sabedoria interior:
>
> *O que estou prendendo? O que não deixo ir embora?*
>
> Em silêncio, agradeça pela oportunidade de evoluir com estas compreensões. Mesmo que não seja agora, no momento certo a resposta chegará.

2. Como podemos manifestar o respeito à Lei da Ordem, no dia a dia?

Com aceitação. Segundo Bert Hellinger: "Assim é". Aceitar aquilo que foi, da maneira como foi, sem julgamento, abre o caminho para a evolução. É a aceitação da morte, das falências, das ausências, das carências para que se construa um presente com ações que direcionem a um futuro promissor, aprendendo com o passado, reverenciando com gratidão o destino, a luta, as escolhas de cada um para gerar a liberdade de viver com alegria e felicidade. Falar sobre as lutas e as conquistas da família gera força e compreensão entre os integrantes do grupo, é respeitar o lugar de cada um dentro do sistema, como poder da precedência que o lugar lhe confere. É respeitar as origens para assim construir um futuro. Respeitar e aceitar os pais exatamente com aquilo que eles puderam dar gera segurança para construir um futuro livre de vínculos de sofrimento. Compreender que o pai e a mãe têm seu lugar no sistema, e dar esse lugar a eles propicia ao filho assumir seu lugar, e o presente é a liberdade de ser feliz. Manifesto quando estou em paz com o presente, entendendo que construo hoje o meu resultado do amanhã.

Manifesto quando aceito minhas origens com gratidão e o quanto o que foi vivido contribuiu para que eu estivesse aqui, neste lugar, e se quero mudar minhas respostas tenho o direito de construir um novo futuro, com os aprendizados do passado. Manifesto quando me enxergo como dono do meu livro da vida e posso sim virar a página reconhecendo o texto que já foi escrito e deu origem a este "eu". Os que morreram, morreram também por mim, para que eu possa construir o meu legado, e, se assim eu desejar, que ele seja diferente daquele legado que deixaram para mim, mas só posso mudar se reconhecer o que existiu. Quem faliu, também faliu por mim, para que eu possa aprender a fazer diferente. Quem se ausentou me fez compreender a importância da presença. Quem no meu sistema sofreu, sofreu por mim também, e o que aprendi com isso? Cristo morreu por nós, que belo aprendizado nos deixou! Tudo que existiu antes pode ocupar um lugar de honra no meu passado. Assim é!

3. Como posso manifestar a Aceitação?

Por meio da Reverência. Reverenciar significa aceitar assim como é, ou seja, aceitação no nível mais profundo da alma. A reverência atua trazendo a paz e a reconciliação com os fatos e a quem eles pertencem. É a expressão da humildade. Aceitação é permissão, a atuação da liberdade de cada um. Os orientais, por exemplo, fazem a reverência aos ancestrais expressando humildade, valorização e reconhecimento da atuação de cada um dentro do sistema, isto é, respeito amoroso ao lugar daquele membro. Podemos fazer uma reverência diante de um destino de um membro do sistema, quando a aceitação se faz necessária para libertar vínculos de sofrimento, quando me dói ver o sofrimento do outro.

Reforço a importância de reverenciar o destino de um paraplégico, de um autista ou um cego, porque existiu algo antes que não conhecemos e não nos cabe julgar. Com respeito, os reverencio e não vou sofrer por eles, porque dentro da grandeza do Universo existe uma razão, e eu humildemente a reverencio. Podemos também reverenciar uma situação que nos faz sentir impotentes, sem enxergar a solução. É a reverência diante dos grandes mistérios da vida, como uma doença, por exemplo. Algo veio antes e respeito e me coloco no aprendizado.

A arrogância e julgamento que se manifestam quando buscamos em vão por soluções nos vincula ao problema e aos membros do sistema, impedindo a libertação e, como elos de uma corrente, o sofrimento permanece passando de geração a geração. Quando digo arrogância para enxergar a solução de um problema, refiro-me à postura de se colocar maior do que o problema, isso não gera solução. Buscamos afastar o problema, excluí-lo, e sabemos que a exclusão não resolve, apenas fortalece a questão. A melhor maneira de buscar por uma solução é a aceitação de que um problema existe e precisa ser visto. A reverência demonstra aceitação e a partir desse movimento se encaminha para a solução. Numa Constelação Familiar, o movimento de reverência é usado para gerar harmonia. Fazemos a reverência aos pais para agradecer pela vida. Usamos a reverência ao destino de outro membro para gerar aceitação, e assim o desvincularmos de seu sofrimento. Reverenciar permite libertar-se com aceitação da ordem, aceitação do lugar à que aquilo pertence. E assim eu aceito.

Exemplo de *workshop* de Constelação Empresarial, cujas Leis de Ordem e Pertencimento não estavam sendo respeitadas:

Um cliente me procurou para constelar a situação de uma empresa familiar, disse que sua empresa tivera sucesso durante anos e ultimamente vinha declinando e que muitos pedidos não se efetivavam, oportunidades de vendas não se concretizavam. Então iniciei a Constelação com representantes para a empresa, para os irmãos que eram os atuais donos e um representante para o lucro. Quando coloquei os representantes dos donos da empresa, ele e os dois irmãos, percebi que estes olhavam para o chão (como se buscassem por alguém morto), e não para o representante da empresa. Perguntei ao Constelado se alguém que era importante na empresa havia falecido. A resposta foi positiva, o fundador da empresa havia falecido e seus filhos deram continuidade, mas, desde que assumiram definitivamente, a empresa entrou em declínio. Para assumir fizeram mudanças e negaram algumas atitudes que o pai tinha com os empregados, então ficou claro que os filhos negavam a precedência do pai como quem construiu a empresa, pois decidiram por mudanças radicais que invalidavam o que havia sido construído anteriormente. Na Constelação, para gerar solução, os filhos olharam para o representante do pai agradecendo o que foi construído por ele. Reverenciaram a atuação do pai, dando a ele o seu lugar de fundador, usando frases de solução, como:

- *Você faz parte desta empresa.*
- *O seu lugar sempre será respeitado.*
- *Sempre lembraremos de você.*
- *Somos imensamente gratos pelo que construiu e agora daremos continuidade.*
- *Comprometemo-nos a respeitar os seus valores, para introduzir o novo.*

Após as frases os representantes expressaram sentir alívio e agora podiam olhar para a empresa, o cliente se comprometeu a colocar na entrada da empresa uma foto de seu fundador, dando a ele um lugar de respeito e gratidão. Falou da atuação do pai quando na direção da empresa, nas relações com funcionários e agora os filhos haviam modificado tudo, julgando desnecessárias e prejudiciais aquelas regras. Enxergaram a necessidade de agir dentro dos valores do pai, com respeito à empresa e seus funcionários, e, assim, a harmonia foi restabelecida. A solução ficou clara através dos sentimentos dos representantes.

4. Em que situações infringimos a Lei da Ordem e quais as consequências para o Sistema?

Dentro do Sistema Familiar é comum que um membro do grupo queira assumir o lugar de outro que se ausentou. Filho mais velho assumindo a posição de pai dos irmãos mais jovens quando o pai se ausenta por morte ou separação, nesse caso nenhum membro dessa família consegue ser feliz. Os irmãos brigam com o mais velho, pois não querem receber ordens do irmão. A mãe fica impedida de reconstruir sua história, por o filho ocupa o lugar do masculino na sua vida. O irmão mais velho não consegue ter sucesso no relacionamento, porque a mãe ocupa o lugar do feminino ao seu lado, não existe liberação para construir sua família. O peso que carrega o impede de ser feliz e evoluir, pois assumiu algo que não é seu. Irmãos mais novos assumindo responsabilidade de cuidar do irmão mais velho gera dependência do irmão mais velho. Na dependência não existe evolução. Além disso, normalmente existem brigas e desentendimentos entre eles. A insatisfação é da alma, que não consegue evoluir.

Pais idosos que se colocam como filhos dos filhos. Os pais entram num processo de decadência, enfraquecendo e adoecendo. Perdem o seu lugar e a sua importância. Os filhos podem e devem ajudar reconhecendo o valor dos pais que o ajudaram a ser quem são. Validando aquilo que receberam e ajudando como podem, sem prejuízo de sua evolução. Isso significa que a nova família, o novo sistema tem prioridade sobre o sistema de origem: ajudar os pais desde que não interfira negativamente no seu atual sistema, desde que não invalide o seu destino como, por exemplo, filhos que escolhem não se casar porque dizem que precisam cuidar dos pais.

Atendi uma filha que dizia: "Eu cuido da minha mãe, porque meus irmãos não ajudam e isso pesa para mim". O que ficou claro nessa Constelação? Uma postura de controle e julgamento que impedia os irmãos de agirem. Para não olhar suas questões, essa cliente dizia que seu tempo era tomado para cuidar da mãe e impedia as atitudes de colaboração dos irmãos. Assim, ela se dizia infeliz por culpa da mãe e dos irmãos, mas o fato é que não assumia o seu lugar, não queria lidar com seus desafios e de alguma forma era mais cômodo ficar reclamando da situação que vivia do que olhar para suas limitações. Cuidar da mãe a fazia vítima do destino e vítima não age, é só consequência das escolhas e do destino do outro. Para sair da vitimização é necessário ter ação e não reclamação. A ajuda equilibrada e respeitosa gera membros leves, com aceitação da condição de cada um. Toda forma de ajuda deve preservar o lugar de cada um, o direito à evolução e sua importância no sistema.

As limitações vividas por um filho que, por lealdade e amor, quer viver e carregar as dores e sofrimentos que pertencem aos pais geram paralisação e muito sofrimento a todos os membros do sistema. É possível que essa paralisação se manifeste em forma de doença, o corpo físico expressa esse peso.

5. Por amor, uma mãe cuida do filho mesmo adulto, entretanto, ele se revolta com esses cuidados. Como saber até quando uma mãe deve cuidar de um filho? Qual é o limite do cuidar?

Filhos se revoltam com a mãe e expressam comportamentos de raiva e agressividade pelo excesso de dedicação e controle dela. A atuação das Leis Sistêmicas serve à evolução da alma e quando o apego da mãe impede o filho de evoluir, o sentimento manifestado pelo filho em relação à mãe é de raiva; mesmo que exista um sentimento de amor.

A raiva aumenta quanto mais a mãe se dedica, e o filho cobra quanto mais recebe, todas as vezes que as Leis são desrespeitadas aparecem os sentimentos de dor, raiva ou tristeza para garantir a expressão da vida. Dor porque dói na alma não conseguir evoluir, é uma sensação de prisão, tristeza, pois o filho sente que está perdendo as oportunidades de aprendizado, é como se a vida estivesse passando. E raiva, porque o indivíduo se sente desrespeitado no seu direito de evoluir. A mãe dá a Vida, e às vezes por suas limitações não entrega a Vida ao filho, quer controlar e direcionar seu destino, e o excesso de proteção ou doação materna impede o filho de fazer por ele, de assumir as suas responsabilidades e as consequências de suas escolhas. É possível compreender que a mãe queira protegê-lo do mundo e seus perigos, mas dar a Vida significa tomar o seu lugar de mãe e permitir que o filho assuma também o seu lugar e papel dentro do sistema e da sociedade, e somente assim o filho se desenvolve e se empodera daquilo que recebeu da mãe: a Vida.

Um pássaro empurra sua cria do ninho para que possa voar. Uma mãe que cuida e sustenta um filho adulto está se afastando da ordem natural, possivelmente ela tem algo a ser visto, como uma codependência, por exemplo. Ela precisa que o filho precise dela. O que aconteceria se esse filho não precisasse mais da ajuda da mãe? Como ela ficaria? São relacionamentos que precisam ser investigados. Mesmo que conscientemente o comportamento do filho seja de dependência, pedindo ajuda financeira ou não assumindo responsabilidades, inconscientemente existe um desejo em assumir a vida. Os erros também servem à vida. A alma pede. Tomar o lugar e respeitar o outro é o fluir. É a vitória e concretização da missão. Infringir a Lei da Ordem gera ligações sistêmicas de paralisação, mesmo compreendendo que o sentimento que sustenta esse vínculo é somente o amor. Respeitar a relação com a mãe é importante por se tratar da nossa primeira relação. É a partir dessa relação que se consuma o fato de ganharmos o nosso lugar no mundo, nos sentindo parte do grupo familiar, do país de origem e de outros grupos aos quais pertencemos.

6. Quais as consequências Sistêmicas quando um filho não aceita o pai e/ou a mãe, julgando e condenando seus comportamentos?

A Constelação Familiar nos traz a importância da aceitação com respeito ao lugar de cada um, do jeito que pôde ser. Aceitar a mãe permite receber o lugar, o seu lugar no mundo, que lhe foi dado por ela quando lhe trouxe à vida. E também traz a sensação de saciedade, pois a primeira sensação de estar provido, alimentado, saciado vem da alimentação que ela provê, o leite materno. A necessidade de fumar, por exemplo, pode estar ligada à necessidade oral do peito da mãe. Pessoas que buscam por um lugar para morar e sempre estão descontentes, mudando e procurando algo que nem sabem o que é, buscam pelo colo da mãe. A falta de conexão, de aceitação, o julgamento dos comportamentos da mãe gera filhos também com problemas de carreira; porque a carreira é o que nos dá a possibilidade de nos provermos e a nossa possibilidade de nos colocarmos a serviço da vida, se não reconhece com gratidão que recebeu a vida, como poderá servir à vida?

Através da mãe, da energia feminina, aprendemos sobre o acolher amoroso e expressamos isso em nossas relações, então somos capazes de acolher amorosamente como mães. Pessoas que se relacionam bem com suas mães são acolhedoras; têm felicidade em viver, porque aceitam a vida e expressam isso em sorrisos largos, ter a mãe internalizada é se sentir cheio, por isso sempre têm para dar. Quem busca sempre receber, busca pela mãe. A dificuldade de se relacionar com pessoas em grupos diversos é consequência da falta de conexão com a mãe. Se alguém não se sentiu aceito pela mãe, não se sentirá aceito em outras relações. E entendemos aí a atuação da Lei da Ordem, se não houve a primeira aceitação não haverá as posteriores. Importante compreender que a conexão com a mãe não depende do comportamento dela, até porque um mesmo comportamento pode ser reconhecido como uma doação para uns e para outros como um abandono.

Temos, como exemplo, uma mãe que deixa o filho com a avó para trabalhar. Um filho pode compreender isso como uma forma de a mãe se preocupar e querer lhe dar o melhor e outro pode compreender como um abandono. Aquele que se sente abandonado vai crescer se sentindo rejeitado, carente, e o outro filho poderá crescer se sentindo amado, valorizando os momentos em que pôde estar com a mãe. Por isso dizemos em Constelação que aquele filho que "toma" os pais como são significa que recebe aquilo que os pais, ou a mãe nesse caso, puderam lhe dar, ele se sente suprido e tem seu lugar. Conclusão: o "tomar" não depende de como a mãe foi, até porque ela foi como podia ser, significa sim o aceitar a mãe e tomar dela aquilo que ela pôde dar. Lembrando que o que de melhor ela pôde lhe dar, o bem mais precioso, é a Vida. A Vida ela já lhe deu. Este é o bem maior. Acredito que aquele que tem gratidão no coração recebe sempre, pois os seus olhares são sempre para aquilo que recebe e não para o que perdeu.

Ainda falando sobre conexão com mãe, também o poder de sedução é consequência desta conexão, isto é, estar ligado ao feminino faz com que a pessoa seduza, conquiste; eu dou carinho e me permito receber. E, quanto mais eu dou, mais ainda recebo. Na aceitação, o movimento é sempre do filho para a mãe ou pai. Cabe ao filho aceitar aquilo que é e ir em busca do que ainda deseja. Usamos e respeitamos esse movimento numa Constelação. Espera-se que o filho vá até os pais demonstrando que existe a aceitação, isso porque, como já dito, os filhos já receberam o bem maior que é a Vida; cabe a eles, portanto, aceitar os pais. Aceitar os pais, da forma como são, é aceitar a Vida.

Este é um momento mágico num Workshop de Constelação. O momento na qual se refaz a conexão interrompida entre um filho e seus pais, pois um amor interrompido prende o indivíduo emocionalmente ao momento da separação. O fluxo do amor é interrompido. O que é vivido depois não tem presença emocional, portanto, não gera doação, a presença ficou naquele momento. Como se tivesse congelado a doação de amor. Alguns filhos dizem: "A minha mãe não me deu amor!" Sim, talvez ela tenha vivido uma situação na qual o fluxo do amor ficou preso. Precisa restabelecer esse fluxo. É como buscar aquela presença, com aceitação do destino de quem se separou; reviver aquele momento. Fazemos isso na Constelação. Momento de renascimento, na minha compreensão.

Por exemplo, uma mulher adulta conta que aos cinco anos foi afastada do pai, em virtude da separação dele e da mãe. O pai não a procurou durante muitos anos e a mãe criou a filha difamando o pai, reclamava da irresponsabilidade do ex-marido. A menina cresceu ouvindo que o pai não prestava e se sentindo abandonada. Depois de anos, já adulta, emocionalmente manifestava aquela menininha que foi rejeitada, sentia não ter recebido o carinho da mãe que, embora a tivesse criado, sempre reclamava muito e se preocupava em trabalhar para prover o lar, e assim não tinha tempo de dar a atenção que a filha buscava. Tinha um julgamento infantil que a afastava da mãe; o julgamento de que a mãe a separou do pai, pois foi a partir das atitudes da mãe que o pai se ausentou. Esse exemplo mostra uma pessoa adulta totalmente sozinha. Não se sente acolhida, pois a representação infantil é de quem foi rejeitada. Por um mecanismo natural da mente as suas relações vão comprovar essa crença; atrai para si pessoas que a rejeitam. Assim, ela atraiu para si um marido que também não estava presente, até porque ela, mesmo adulta, emocionalmente é uma criança que não estava pronta para ser esposa, e como mãe não consegue dar amor e carinho aos filhos. Consegue cuidar, mas à medida que estes filhos crescem ela se coloca fora de ordem, como filha deles, ainda buscando o amor que lhe faltou na infância. Os seus filhos também não conseguiram atender as suas expectativas, pois são filhos, e também buscam pelo amor da mãe.

Isso é realidade, muitos casos se parecem com esse. Cobranças e sentimento de tristeza que vão se perpetuando de geração em geração. Através da Constelação, interrompemos esse ciclo. Como? No exemplo citado, com a mulher indo em direção ao pai, buscando por ele com total aceitação pelo que foi vivido. Dando um abraço que conecta novamente aquela menininha rejeitada com o pai que a deixou. Afinal, emocionalmente ela ainda era uma menininha. Na Constelação trabalhamos com representantes, então, mesmo que o pai tenha falecido, é possível reviver esse momento, gerando a conexão. É por isso que percebemos a atuação dos membros, mesmo falecidos, interferindo no momento presente. Quando colocamos um representante para o pai, cura-se a menininha de cinco anos que foi rejeitada. Ela pôde abraçar o pai, receber o seu amor. Pôde viver o passado que ainda estava presente e com compreensão, aceitando o seu destino e permitindo que ele se vá, guardando esse pai no coração.

E como conectar-se com a mãe? Da mesma forma, com total aceitação. Compreendendo que a mãe fez o que podia, se permitindo receber o amor. Na Constelação é possível gerar o movimento de conexão no qual a representante da filha abraça a representante da mãe, a representante da filha que emocionalmente está como uma menininha de cinco anos se conectando com a mãe.

7. De que forma não reconhecer o pai afeta o filho?

O pai também tem um lugar muito importante no sistema, sem ele a vida não existiria, e é dele que se recebe a força do masculino, o poder perante a vida e seus desafios. A força daquele que protege e defende o sistema, isto é, a segurança para tomar decisões. A mãe costuma dizer ao filho: "Vou contar para seu pai quando ele chegar!", pois o pai é a autoridade maior. A força masculina sempre esteve a serviço da vida; o homem guerreava para proteger a família e ainda hoje o masculino representa a proteção, pois é o pai quem apresenta o mundo ao filho. A visão, a compreensão que o filho vai ter do mundo está relacionada à conexão com o pai, e se o filho cresce percebendo que o pai é forte e resolve as situações desafiadoras enfrentadas pela família, ele compreenderá que todas as situações podem ser resolvidas. Isso gera empoderamento e confiança para lidar com a vida. O pai representa o herói, forte e confiante, e, se o filho ou filha enxerga o pai como um herói, provavelmente também se sentirá forte e confiante. Essa força se estabelece dentro do filho, e quem passa essa compreensão para o filho é a mãe, ele acredita naquilo que ouve da mãe e, quando ela invalida a atuação do pai como membro da família, está na realidade invalidando o filho ou filha perante a vida.

Respeitar o lugar do pai no Sistema Familiar é de suma importância para gerar filhos que confiam no seu potencial, ou seja, pai fraco, filhos fracos. E de que forma os filhos vão expressar essa fraqueza? Em diversas situações: na dificuldade de dizer não, pois se sentem fracos, têm medo; na insegurança para resolver os desafios do cotidiano; na busca pela opinião dos outros para tomar decisões. Mesmo depois da decisão tomada, ainda se sentem inseguros. O respeito ao pai no lugar que a ele compete gera harmonia e filhos que se desenvolvem equilibrados dentro do sistema e da sociedade. E aí vem a dúvida, como agir se o pai for fraco na atuação como pai, como chefe da família? A resposta é simples, cabe ao filho reverenciar o pai e a mãe pela vida que recebeu, aceitar a realidade e valorizar aquilo que o pai tem de positivo.

Aceitando a vida é possível fazer escolhas diferentes e mudar a representação que o filho tem do pai.

Atendi uma jovem que se sentia insegura, não conseguia evoluir profissionalmente e não acreditava no seu potencial. Nos relacionamentos não se sentia feliz, dizia atrair somente homens que dependiam dela financeiramente e terminava os relacionamentos com muita tristeza, porque se sentia carente de amor. Quando fomos buscar a causa de sua insegurança na Constelação, ficou clara a ausência do pai, pois desde menina ela o via como fraco, ele era viciado em bebidas e chegava em casa alcoolizado. O pai trabalhava, mas por causa da bebida perdia os empregos, e assim a figura da mãe foi ficando mais forte na família. Contou que se afastava do pai porque via a mãe sofrendo, e por isso sentia raiva dele. Fizemos um trabalho no qual ela compreendeu e conseguiu aceitar o pai e agradecer pela vida que recebeu, ampliamos a representação interna do pai e ela conseguiu enxergar qualidades como a fidelidade, honestidade e até se lembrou de momentos de felicidade na infância ao lado da família. Contou sobre as dificuldades que sabia que o pai tinha enfrentado com os pais dele e reconheceu a razão de seu comportamento. Terminamos o processo com sucesso.

Algum tempo depois recebi a irmã dessa cliente para fazer um processo de Coaching, indicada pelo resultado positivo que obtivemos no trabalho com sua irmã. Os seus objetivos eram diferentes, percebi que era uma moça segura de suas qualidades e tinha conquistado resultados sempre dentro de seus objetivos, não havia fraqueza. Era confiante e buscava se preparar para assumir um cargo de liderança. Quando perguntei sobre seu pai, ela me contou que teve o melhor pai do mundo, embora bebesse, era muito carinhoso com ela. Quando a mãe brigava com ele, ela ia dormir ao seu lado, sentia que recebeu muito carinho do pai, ele trazia presentinhos para ela, tinha com ele uma relação de amor. Quando começou a cozinhar fazia comida para o pai, que agradecia com carinho.

O que quero mostrar é que o pai era o mesmo. A filha que enxergou e deu a ele o lugar de pai recebeu o seu amor. A filha que julgou se sentiu carente e insegura. Dessa forma compreendemos por que na Constelação Familiar o movimento que cura é aquele em que o filho vai buscar pelo pai, ou pela mãe. Dando a eles o lugar que lhes pertence é possível receber aquilo que os pais têm de melhor. Aceitação daquilo que é, e somente com aceitação um filho pode seguir o seu destino e conquistar os objetivos com força para enfrentar obstáculos. Como dizemos na Constelação: "Eu deixo isso com você e fico com aquilo que você tem de melhor!"

8. Como ficam os filhos adotados, podendo haver julgamento em relação aos pais que não criam os filhos?

A Constelação nos aproxima de compreensões e nos afasta do julgamento. Um adulto que machuca tem, dentro de si, uma criança que se sentiu machucada; um adulto que rouba tem, dentro si, uma criança que se sentiu roubada nos seus direitos; o direito de saber quem são seus pais biológicos, por exemplo. Falamos agora da adoção, os pais biológicos dão a vida a uma criança; os pais adotivos, por amor, escondem da criança a identidade dos pais biológicos.

Inconscientemente essa criança se sentirá roubada. Pela Lei da Ordem, os pais biológicos vieram primeiro e devem ter seu lugar garantido e reverenciado, a adoção vai ser feliz quando a criança adotada souber da sua história.

Quando houver gratidão pela vida que lhe foi dada pelos pais biológicos, com aceitação de quem eles foram e porque foram como foram. Essa gratidão também deverá vir por parte dos pais adotivos; eles só têm a oportunidade de viver com a criança porque alguém a trouxe ao mundo. Se o direito de conhecer sua história for roubado, quando adulto possivelmente roubará algo de alguém do sistema, ou apresentará comportamento de mentir, representando a mentira que vive. A criança que foi enganada se transformará num adulto que engana ou mente.

Num Workshop de Constelação, quando os pais adotivos vêm buscar compreender por que um filho adotado fica contra eles e nega o amor que recebe da família que o acolheu, fazemos um trabalho em que o representante do filho adotado é colocado diante dos representantes dos pais biológicos, para assim poder se conectar e recebê-los no lugar de pais. É a oportunidade de receber e agradecer pela vida. A mesma dinâmica é feita com os representantes dos pais adotivos que, por sua vez, se colocam diante dos representantes dos pais biológicos, agradecendo pelo filho que deu a eles a oportunidade de o criarem como pais, mas respeitando a ordem e o lugar dos pais biológicos. Para que o filho possa receber algo dos pais adotivos, pela ordem ele aceita a vida que veio através dos pais biológicos, e assim ele se conecta aos pais adotivos e recebe a força para construir sua vida.

9. Como posso respeitar a Lei da Ordem na relação com os pais e em outros relacionamentos?

Quando respeitamos o lugar dos nossos pais e irmãos e agradecemos por aquilo que recebemos, da forma que foi, conseguimos expressar esse respeito também em outros grupos de relacionamento. Respeitamos o diretor da escola, os professores, o chefe na empresa, os colegas de trabalho, o cônjuge e demais familiares e, mais ainda, respeitamos a vida e as situações que chegam como desafio à evolução da alma.

10. Como o respeito à Lei da Ordem beneficia a Evolução do ser humano?

Aquilo que deixo para trás se faz presente. À medida que vamos vivendo, vamos deixando algo e evoluindo em direção a algo maior, esse é o verdadeiro caminho da evolução, isto é, viver cada momento e saber abstrair, com gratidão, os aprendizados de cada situação, o que gera uma energia que nos impulsiona a algo ainda maior. É como se recebêssemos uma força extra que se potencializa à medida que olhamos com respeito o caminho já percorrido.

Aquele que sou hoje reflete tudo o que foi vivido, em todos

os tempos, assim me sinto conectada com o todo. Mesmo nos momentos em que é necessário fazer escolhas e deixarmos algo, aquilo que é deixado se faz presente em energia de realização para o que foi escolhido. Mudança de profissão, por exemplo, na qual a gratidão ao que foi vivido com intensidade e amor abre caminho para o novo. Em casos em que não há gratidão ao emprego ou profissão anterior, o indivíduo fica preso e não consegue prosperar. Vai arrumar outra colocação, mas vai se sentir desrespeitado e vai julgar que o problema é sempre o chefe ou a empresa. O antigo faz parte do todo que é o expressar da vida no presente. Tudo ocupa um lugar. Quando buscamos deixar o passado, achando que não faz parte, e fugindo dos sentimentos ligados àquela situação, permanecemos vinculados ao que se viveu e impedidos de seguir adiante. A atuação da Lei da Ordem se manifesta a todo momento, cabe a nós aceitá-la como força propulsora para gerar felicidade e harmonia.

11. Ao mudar de país, poderá existir algo que impeça o sucesso dessa escolha e que esteja ligado às Leis de Ordem e Pertencimento?

Sim, sem dúvida existe. Nesse caso percebemos o quão é importante respeitar a Lei do Pertencimento e a Lei da Ordem para que a mudança se efetue com sucesso. Compreendemos que fazemos parte de um grupo maior, não só da família, existe uma consciência grupal a quem devemos respeito. Já falamos sobre a força da consciência de grupo, que é mais forte do que a consciência individual, e o que isso significa? Que, se nosso país for convocado para uma guerra, participar da guerra é um vínculo muito mais forte do que ficar na família, e é uma traição um jovem deixar de defender seu país quando este tem necessidade, pois é uma honra se colocar junto aos seus em defesa de seu povo. O país é nossa maior família. Manter esses laços gera harmonia e permissão para seguir adiante, negar a origem é como negar os pais, pois sua vida se originou ali. Se a saída do país de origem for com negação àquilo que recebeu, à sua terra natal, maldizendo o país que o gerou, não poderá dar certo. Na atuação da Lei da Ordem, precisa haver gratidão e respeito ao que veio antes, para fluir o que vem depois. Não é possível existir o presente nem o futuro sem reconhecer a grandeza do passado, anular e desvalorizar o país de origem é trair a própria pátria. Para que haja sucesso tem que ser exatamente como sair da casa dos seus pais, com respeito e gratidão a tudo que recebeu, reconhecendo o sangue que corre nas suas veias e com orgulho de ser quem é, colocando-se para servir a vida em outro país em honra à sua origem. Uma frase que costumo dizer é: "Em honra a tudo que recebi, levarei o nome de meu país para onde eu estiver vivendo. Sempre serei uma brasileira, com orgulho do sangue que carrego!" Isso gera permissão para sair e evoluir, é o respeito à Lei do Pertencimento e à Lei da Ordem.

Em uma família formada por um casal de países de origens diferentes, podem aparecer problemas que impeçam a harmonia familiar. Quando um casal se une para formar uma família, cada um traz consigo suas origens, e pode ser que isso não seja respeitado pelo cônjuge, e o Sistema vai cobrar esse reconhecimento.

Um exemplo: uma mulher me procurou para Constelar a sua relação com o marido, já estavam casados há 15 anos, mas cada vez mais sentia o marido distante. Ele trabalhava muito e, nos momentos em que estava em casa, ficava sozinho no quarto, evitava participar de reuniões familiares sempre com uma desculpa. Também na relação com os filhos estava ausente, parecia não se interessar pela família. O marido era de origem espanhola, mas seus pais, que viveram na Espanha, já haviam morrido, e pouco pôde visitá-los mesmo quando vivos. Ele tinha vindo para o Brasil a trabalho e dois anos depois já se casara, afastando-se do país de origem em virtude das responsabilidades financeiras com a família. Tinha apenas um filho, que sempre estava ao lado da mãe, parecia diferente do pai. A Constelação mostrou que na relação o marido buscava por seus pais e por seu país de origem, não se conectava com a família brasileira. O representante do marido nem olhava para a esposa ou para o filho. Coloquei um representante para a Espanha e automaticamente o representante do marido foi naquela direção. Ele precisava ficar olhando para a Espanha. Ali ele tinha o pertencimento. Foi possível gerar uma solução quando coloquei o representante do filho ao lado do pai olhando para a Espanha e reconhecendo que também fazia parte. Trabalhamos para que abraçasse os pais, um momento de muita tristeza, ele dizendo aos pais que sempre seria um espanhol, pois carregava esse sangue, e embora tivesse escolhido viver no Brasil, sempre seria espanhol. Com a Espanha no coração pôde olhar para a mulher e reconhecer no filho a sua descendência. Coloquei um representante para o Brasil, a terra que o acolheu.

Ele finalmente pôde abraçar o Brasil, se dizendo espanhol, mas com gratidão por tudo o que conquistou aqui. A harmonia pôde se restabelecer a partir do reconhecimento das origens. Ficou combinado que a mulher iria propor programar uma viagem à Espanha, já que nunca tinha feito isso, para conhecer as origens do marido. Combinamos também de colocar dentro de casa objetos decorativos que lembrassem a Espanha. Um mês depois, quando essa cliente falou comigo, o filho tinha pedido para aprender a falar espanhol, já se programando para a viagem à Espanha. O pai era seu companheiro para ajudá-lo a estudar. A minha cliente estava selecionando passeios para quando fosse fazer a viagem e tinha aceitado conhecer parentes do marido. Agora ele estava presente, podiam viver uma nova relação. Nesse caso, percebemos a força dos vínculos do pertencimento.

Caso você esteja afastado de seu país de origem, pare e reverencie com gratidão a terra que lhe deu a vida e sinta orgulho de sua nacionalidade e de poder levar aos estrangeiros a sua força, a força de seu país.

Citei um exemplo de reverência ao país de origem, mas também existem casos semelhantes quando o afastamento é de um estado ou cidade de origem, em menor proporção, porque continua vivendo no mesmo país, mas já encontrei casos de nordestinos que negam sua origem com vergonha de terem nascido em estados brasileiros considerados menos evoluídos. Outro vínculo que, quando não respeitado gera desunião e conflito, é o religioso. Alguns pais podem até se afastar totalmente dos filhos quando estes decidem seguir uma religião diferente daquela que pertence à família de origem.

Existem religiões que são mais restritas e enxergam o fato de alguém seguir outra crença como se fosse coisa do "diabo" e já vi caso em que o próprio pastor da igreja pedia para que os pais se afastassem de um filho que seguia a religião espírita com sua namorada. Isso pode acontecer, sempre oriento quem muda de religião e começa a seguir algo diferente em algum momento da vida a respeitar a Lei da Ordem, agradecendo tudo que aprendeu na religião da família. Colocando o aprendizado dentro do coração, reconhecendo que tudo o que é hoje é resultado dos valores que aprendeu nos cultos que frequentou e carregando estes ensinamentos é possível seguir adiante para novos aprendizados. O respeito ao outro e suas origens e valores é condição imprescindível para harmonia em qualquer sistema de relacionamento.

Exercícios para Reflexão / Meditação

Sugiro que feche seus olhos visualizando mentalmente seus pais diante de você, se perguntando quem são eles.

Em seguida, verbalize as frases abaixo, direcionadas aos seus pais, e sinta como elas impactam você.

- *Eles vieram primeiro.*
- *Dou a eles o seu verdadeiro lugar.*
- *Um lugar no meu coração.*
- *E digo: eu sou um com vocês.*
- *Permito-me expressar o que de melhor recebi.*
- *Eu sou o melhor de vocês e evoluo com isso.*
- *Em mim vocês se realizam.*
- *E por trás de vocês eu vejo a minha ancestralidade.*
- *E dou um lugar a todos.*
- *Deixo com vocês aquilo que carregaram.*
- *Com respeito e gratidão!*

- *Liberto-me, e assim posso ser somente a vitória!*
- *Sou livre, sou grato.*
- *Recebo a vida.*
- *Viro de costas para minha ancestralidade. Respeito a Ordem. Este é o meu lugar.*
- *Eu vivo!*

Lei do Equilíbrio entre Dar e Receber

1. O que diz a Lei do Equilíbrio e como ela atua nos relacionamentos?

A Lei do Equilíbrio entre o dar e receber é de grande importância para se manter as relações de forma saudável, todo nós temos necessidade de dar e também de receber. Sentimo-nos importantes e satisfeitos quando colaboramos para o fluir de um relacionamento, um sentimento de reconhecimento de nossas capacidades e dons. É a validação de quem somos e daquilo que podemos ofertar. Se isso é algo tão significativo para nós, também o será para o outro que se relaciona conosco, tanto no sistema familiar, no profissional ou nas nossas relações afetivas e sociais. Percebemos a necessidade de equilíbrio como uma manifestação inconsciente e buscamos nos relacionar com quem permite a nossa contribuição. Afastamo-nos quando recebemos muito e não temos condições de retribuir na mesma medida. Um exemplo comum é percebermos como nos sentimos quando recebemos um presente de um amigo, se esse amigo é alguém que gostamos e queremos preservar essa relação, além de agradecer, buscamos retribuir com algo que também o agrade e que tenha o mesmo valor. Aquilo que vai gerar o mesmo "tamanho" de satisfação, pois buscamos nos sentir equilibrados. Ouvimos muitas vezes a pergunta: "Como vou lhe agradecer por isso?" Quando alguém atende uma necessidade nossa nos sentimos devedores, principalmente quando recebemos algo tão valioso que não temos como pagar equilibradamente. Também nos sentimos maior que o outro quando damos algo que não poderá ser retribuído em igual valor.

A comunicação que passamos quando isso acontece é: "Eu posso mais do que você".

Uma relação amadurecida é aquela que reconhece o valor do outro e ao mesmo tempo o nosso valor no equilíbrio entre dar e receber. Estamos falando de valores como amor, carinho, respeito, tempo, paciência, dinheiro, cuidados e tudo aquilo que podemos receber e ofertar de acordo com a necessidade de cada um na relação e o equilíbrio entre o dar e receber está presente nas mínimas situações do nosso dia a dia. Isso também acontece porque o "ter" gera uma sensação de "poder". Aquele que tem mais, não só dinheiro, pode mais. É essa a compreensão que é passada numa relação, o que faz com que o outro se sinta menor. Se não há igualdade a relação termina. Termina porque não pertenço, não sou igual, não poderei contribuir igualmente. Quem é menor foge da relação e quem é maior chamará o menor de ingrato. Se desejamos manter uma relação, seja ela qual for, manifestamos o equilíbrio. Eu sinto que recebo, igualmente eu contribuo. Se for uma relação de casal, ele é tão importante para mim quanto eu sou para ele. Eu contribuo com aquilo que ele não tem e recebo aquilo que preciso, estamos equivalentes. Já recebi casais insatisfeitos, cito o exemplo de um homem que se achava muito maior porque ele resolvia tudo, era o provedor, o forte, somente o que ele pensava era o melhor para toda a família. A esposa não tinha voz perante os filhos, o pai era quem mandava e decidia e ela somente concordava, aceitava, já que tinha medo de perder o marido e os filhos. O filho mais velho já manifestava comportamentos de exclusão. Negava o pai, se colocava ao lado da mãe, pois a via sofrer, e se ausentava de casa o quanto podia para não viver aquele drama. Ia mal na escola, porque o pai queria que fosse estudioso, não queria assumir responsabilidades para ir contra o pai.

Enfim, qual a única forma de restabelecer a harmonia? Gerando equilíbrio no sistema. Cada um ocupando seu lugar e sua importância. Para que o filho respeite o pai, ele precisa sentir o equilíbrio na relação do pai com a mãe, se isso não ocorre, ele vai ficar do lado mais fraco para gerar equilíbrio, e para isso precisará se colocar em desequilíbrio com o pai.

Exemplifiquei com uma relação de casal, mas também percebemos dificuldades em outras relações. Nas relações profissionais em que o patrão dá muito ao funcionário querendo reconhecer seu trabalho, às vezes até para cobrir uma situação irregular como, por exemplo, um funcionário que não é registrado. Por mais que o funcionário tenha concordado em trabalhar numa situação irregular, raros são os casos em que essa relação é sentida como equilibrada. O menor, no caso o funcionário, vai sempre se sentir diminuído. Por mais que o patrão pague os seus direitos, sempre vai permanecer em dívida, porque uma lei está sendo desrespeitada. Numa relação de amigos ou parentes, o ajudar precisa ser em equilíbrio, ambos, o que dá e o que recebe, precisam se sentir em igualdade. Se você tiver que dar um presente a alguém das suas relações, dê algo que esteja ao alcance do outro retribuir, ou, se for algo valioso, justifique: "Comprei algo para agradecer o bem que me fez, foi muito importante para mim a sua ajuda naquele momento", ou seja, estou colocando o outro num lugar equilibrado ao tamanho do bem que me fez.

Sentimos a manifestação da Lei do Equilíbrio como vínculos de representação Sistêmica, isso significa que, quando alguém do meu sistema ficou em dívida com outro sistema, mesmo em gerações anteriores, essa dívida passa a ser cobrada ainda que em gerações posteriores, ou seja, aquilo que gerou desequilíbrio vai ser cobrado até que o equilíbrio se restabeleça. Alguém de uma geração posterior vai representar essa dívida.

Exemplo de *workshop* de Constelação:

Um cliente procurou a Constelação para entender um padrão financeiro que se repetia em sua vida. Sempre trabalhou e ganhou bastante dinheiro, mas disse que não conseguia guardar, as dívidas extras apareciam e durante sua vida sempre trabalhava somente para pagar, mesmo que controlasse os gastos. Contou sobre uma sensação de estar sempre devendo e com uma necessidade de precisar ganhar mais para quitar algo que nunca terminava. Iniciei com representantes para ele e para as dívidas. O sentimento que foi expressado pelos representantes mostrava exatamente o que ele nos contou. O representante da dívida queria cobrar com sentimento de raiva direcionado ao representante do cliente, porém, dizia que existiam outros que estavam devendo. Perguntei ao cliente se sabia de alguma dívida de seu pai ou avô. Ele nos contou que seus avós vieram de Portugal com o objetivo de evoluir financeiramente. Como não tinham dinheiro para a viagem, pediram emprestado a amigos em Portugal, se comprometendo a pagar assim que juntassem os valores referentes à dívida, mas, segundo o que ouviu da família, esse valor nunca foi pago. Coloquei um representante para o avô. O representante da dívida se movimentou em sua direção com o mesmo sentimento que manifestava ao cliente. Foi feito um trabalho de reverência aos ancestrais, pedindo permissão para se desvincular do compromisso assumido por seu avô. Com reconhecimento e respeito a cada membro conseguimos direcionar para uma solução. O cliente sentiu-se aliviado.

Quando me refiro a dívidas que são cobradas sistemicamente, não estou me referindo somente a dinheiro, mas cobranças que podem aparecer por assassinatos cometidos, traições de relacionamentos afetivos ou qualquer outra ação que gerou desequilíbrio. Ninguém pode ser feliz desrespeitando o direito de felicidade do outro, a igualdade entre o dar e receber é garantia de equilíbrio no sistema e a identidade grupal se sobrepõe à identidade individual.

2. Como respeitar a Lei do Equilíbrio para gerar relações saudáveis?

Respeitando com equilíbrio aqueles com quem nos relacionamos. Se alguém com quem me relaciono está precisando de algo, de dinheiro, por exemplo, é possível oferecer, desde que também haja a permissão de receber. Isso gera respeito. Estou mantendo a comunicação: "Você pode me pagar!" Pode ser combinada a forma de pagamento através do próprio valor ou de serviços, ou seja, "Isso que você faz é muito importante para mim". É como se dissesse: "É tão importante quanto o dinheiro que lhe emprestei".

Numa relação saudável entre o marido e a esposa, existe o equilíbrio quando cada um sente que dá na relação aquilo que o outro necessita. Existe uma admiração por aquilo que cada um oferece. Não teriam naturalmente aquilo que recebem do cônjuge e é de suma importância a colaboração de cada um na relação.

Bert Hellinger diz: "Cada um está limitado naquilo que pode dar e naquilo que pode receber. Com isso é colocado de antemão um limite ao dar e ao receber. Em um relacionamento bem-sucedido também é preciso que se dê somente quanto o outro possa receber. E que se deseje e receba somente o tanto que o outro possa dar".

Eu ofereço aquilo que é necessário ao outro dentro daquele sistema de relação, e me permito receber e respeitar a igualdade daquele com quem me relaciono. Um funcionário de uma empresa colabora com o seu trabalho e dedicação e recebe o pagamento em troca de seus serviços. Reconhecer esse equilíbrio gera relação próspera na empresa. As amizades mais duráveis são aquelas em que o dar e receber é equilibrado. Um atende a necessidade do outro. É aquele amigo com que posso "contar", ou seja, quando preciso sempre sei que serei atendido. E atendo sempre que precisa de mim.

3. Como fica a relação entre pais e filhos quando os pais dão mais do que recebem?

A relação entre pais e filhos é a única em que se permite o desequilíbrio, os filhos terão oportunidade de dar mais do que recebem quando forem pais. Aí o equilíbrio se restabelecerá.

4. Então é correto os pais sempre darem aos filhos, mesmo quando se tornam adultos? Até quando os pais devem continuar sustentando os filhos?

Isso é de suma importância. Como seres humanos temos a missão de evoluir. A alma busca pela evolução, enquanto aquilo que for dado gerar evolução, não existe problema. Um pai, por exemplo, pode pagar muito para seu filho estudar, o estudo é a evolução. Em algum momento tudo o que estudou vai ser colocado a serviço de outros. Pessoas se beneficiarão. A alma evoluiu. Sua missão o colocará a serviço da vida. Quando o valor que for oferecido aos filhos gerar dependência, isso precisa ser interrompido, pois a dependência impede a alma de evoluir. O filho vai se revoltar contra os pais, é o filho ingrato, que não valoriza o que recebeu, cobrando sempre mais. O que gerou a ingratidão foi a impossibilidade de evoluir por receber demais.

5. A ingratidão pode existir também em outras relações? Como devemos manter relações para não gerarmos esse sentimento?

A ingratidão é a busca pelo equilíbrio. É a demonstração de que recebeu mais do que poderia retribuir, pois em todas as relações, quando um membro está recebendo mais do que aquilo que pode contribuir, vai responder se afastando da relação, fugindo dessa convivência e até ofendendo, exatamente como se sente ofendido por não poder pagar. Para manter uma relação saudável, como já falamos, o ato de dar deve ser equilibrado. A necessidade que é expressa com a ingratidão é a necessidade de respeito e igualdade. Aquele que dá a mais do que o outro pode oferecer expressa superioridade.

6. Falando ainda da relação entre pais e filhos, é obrigação dos filhos cuidar dos pais idosos?

Os filhos devem cuidar dos pais quando for necessário, respeitando a ordem, pois os pais têm o seu lugar no sistema, são sempre maiores. Portanto, os filhos podem dar aos pais, porque tudo aquilo que são é resultado do que receberam dos pais. A frase que harmoniza essa situação é: "Eu dou a vocês porque o que recebi durante meu desenvolvimento me tornou quem sou e me permitiu ter o que tenho". Nessa frase se respeita o lugar dos pais, é a gratidão pelo que foi recebido, o reconhecimento que torna os pais grandes na relação. O dar aos pais também tem um limite. Compreendemos pela Lei da Ordem que a nova família criada pelo filho tem precedência à família de origem. Os filhos dão aos pais desde que não desrespeitem a família atual. Eu compreendo que em algumas situações um filho pode precisar dar mais aos pais do que poderia. Um caso de doença, por exemplo. Mas aqui a referência é uma situação constante, na qual o filho não deve prejudicar a sua família com constância para dar aos pais. A frase é: "Eu dou na medida que posso. Existe uma ordem de compreensão dentro de nós". O dar aos pais é benéfico quando gera satisfação, é o dar com gratidão, é dar o que posso. Quando o dar gera peso e julgamento não é benéfico.

7. Se todos buscamos pelo equilíbrio inconscientemente, como agir quando alguém nos faz um mal?

Nesse caso também existe a busca pelo equilíbrio, consciente ou inconscientemente, ou seja, quando alguém nos faz um mal, sentimos a necessidade de revidar com um mal maior. Isso faz com que aquele que me fez o mal responda novamente com um mal ainda maior. E cria-se uma competição pelo mal. Nas relações profissionais também percebemos a atuação dessa busca pelo equilíbrio negativo. Alguém fala mal de um membro do sistema para o chefe. A "vítima" quando fica sabendo tem o mesmo comportamento e fala algo a respeito de quem a difamou. Um outro membro ligado à "vítima", para defendê-la, fala algo também negativo a respeito de quem iniciou o mal. E assim todo o sistema fica comprometido.

Quando alguém se sente ofendido manifesta a necessidade de ofender em maior grau. Caso não seja possível revidar, guarda esse sentimento que se potencializa a cada lembrança do fato, até que seja expressado de forma desequilibrada com violência verbal ou física, gerando ainda mais necessidade de revidar.

8. Como este desiquilíbrio em revidar pode ter fim?

Quando um dos membros decidir não revidar, e essa decisão pode vir através da compreensão do porquê houve aquela situação inicial, de qual necessidade estava por trás daquela atitude, é a decisão da paz. Quando um membro se sente respeitado, naturalmente existe a sensação de equilíbrio. Alguém precisa tomar a decisão de parar. Compreender isso é uma manifestação de busca pela paz. Existem pessoas que fazem questão de continuar brigando, talvez tenham dentro delas uma sensação de desequilíbrio. Se sentem inferiores e a necessidade de revidar gera uma sensação de "eu posso fazer pior", é como se pudesse descontar tudo que a faz se sentir inferior, uma necessidade de crescer em relação ao outro. Quando um dos dois se sente responsável pelo resultado e para, o outro não tem o que revidar.

9. Quais desarmonias percebemos em nosso sistema como consequência ao desrespeito à Lei do Equilíbrio?

Em toda relação em que há conflitos um membro está se sentindo maior do que o outro, um sente que está dando mais do que recebe e outro se sente em dívida. Olhamos para uma relação de um casal em que ambos deveriam se sentir iguais. O homem normalmente ganha mais e contribui mais em dinheiro para a família, além de atender outras necessidades, pois é o provedor. A mulher contribui de outra forma, tão importante quanto o dinheiro, ou seja, organiza a casa, é a estrutura da família.

Segundo Bert Hellinger, é ela quem manda na casa. Quando a mulher se sobrepõe ao marido por ganhar mais ou por ser mais controladora, e principalmente se coloca como mais forte, a família perde a estabilidade. Os filhos desrespeitam o pai ou se colocam contra a mãe em defesa do pai. Vivem constantes situações de conflitos, todos perdem o lugar. É a insatisfação do desequilíbrio manifestado pelo casal.

Outra situação que afeta o casal é o ciúme, digamos que a esposa seja ciumenta. O homem, na busca pelo equilíbrio, também vai manifestar ciúmes. Ambos vão cobrar com ciúmes descontroladamente, brigas constantes em que o sentimento nem precisa ser tão verdadeiro; é só para não deixar passar. Ela não o deixa sair com os amigos porque não sai. Ele não a deixa usar tal roupa porque ela não o deixa sair com os amigos. Criam vínculos negativos que impedem uma relação de confiança. Se um não confia, para ser igual, o outro não vai confiar.

Um exemplo que gera muitos conflitos nas relações de casais: a esposa que ficou sem pai na infância olha o marido como se fosse seu pai. Cobra muita atenção e carinho e por mais que o marido seja carinhoso ela não se sente satisfeita. Essa é a necessidade da criança interna, e como criança, não consegue compreender e dar carinho ao marido. Aquele que não tem para dar se ofende quando se sente cobrado; precisa de mais. Tem uma interpretação errônea de que tudo o que faz não é valorizado. Situações de roubo em família também são manifestações de desequilíbrio. Heranças são roubadas por aquele membro que sente que precisa mais do que os outros, desencadeando um sentimento de inferioridade no sistema. Alguém se sente roubado no seu direito de igualdade e expressa este sentimento roubando uma herança, por exemplo.

Atendi uma vez uma cliente que se queixou que o irmão a roubou numa herança que receberam do pai. Roubou e foi embora. No atendimento ela contou que sempre ajudara esse irmão mais novo. Quando eram crianças chegou até a apanhar do pai por algo que ele tinha feito. Tinham uma diferença de idade de dez anos, ele sempre foi tratado como mais fraco e ela se sentia responsável por ele. Não estudou porque não tinha disciplina, não conseguia respeitar horário e regras. Adultos, ela montou um negócio para que ele gerenciasse. Não foi para frente. Ele gastava o dinheiro que recebia e faliu. Após a morte dos pais, ela o ajudava mensalmente com uma quantia que lhe possibilitava se manter, esperando que conseguisse um emprego. Contou que mesmo assim ele não se sentia satisfeito. Terminado o inventário dos pais ambos tinham direito de receber um valor referente à herança. Ela entregou a ele uma procuração. Isso já tinha três anos, nunca mais o viu. Esse caso confirma tudo o que falamos anteriormente. Não havia equilíbrio. Ela deu mais do que ele podia pagar. A alma dele precisava evoluir, por isso foi embora.

Em suma, quando há desequilíbrio entre o dar e receber as

relações não fluem. Quem se sente em dívida não consegue ficar na relação. Algumas mulheres procuram a Constelação com a queixa de que em seus relacionamentos os homens acabam indo embora antes de assumirem um compromisso. O que aparece são situações na qual a mulher, para conquistar o homem, dá demais na relação. Ama e cuida, chega a abandonar a própria vida para atender o outro; o homem foge. Ele não tem como se equilibrar nessa relação. Não tem como pagar por isso.

10. Existem pessoas que gostam de ajudar os outros, por isso geralmente dão mais do que recebem, nesse caso como a Lei do Equilíbrio atua?

Existem pessoas que são carentes interiormente, e a causa desta carência vem da infância, da relação com mãe e pai. Embora tenham conseguido evoluir na vida, podem manifestar ainda uma necessidade oculta de receber agradecimentos, elogios e reconhecimentos por aquilo que fazem. Precisam ser valorizadas. Essas pessoas podem dar muito para que em algum momento possam cobrar. Se esse comportamento é manifestado numa relação de amigos ou família, no momento em que precisar, se o outro membro não puder contribuir, ela se sentirá ofendida. É o dar esperando em troca.

O ato de dar de forma desequilibrada traz uma sensação de poder. Uma pessoa equilibrada, que busca por relações saudáveis, ajuda na medida em que não diminui, que respeita, é a ajuda que gera evolução ao outro, pois é a ajuda que busca por soluções para a dificuldade. O dar em uma situação na qual não há um relacionamento, por exemplo, ajudar um morador de rua ou crianças carentes, tem outra compreensão. É uma força que se coloca a serviço da evolução, assim, essa ajuda é bem-vinda.

11. O que preciso compreender para manter relações saudáveis e equilibradas?

A Lei Básica da Alma, quem recebe precisa dar. Nos vários

cursos que tenho a oportunidade de ministrar ou nos atendimentos individuais, percebo o quanto o sentimento de medo impede uma relação equilibrada. Quando uma pessoa foi machucada, não recebeu o que necessitava numa relação primária, se fortalece para não precisar receber ou para não necessitar de ajuda. É sempre forte nas relações. Oculta o medo de não se sentir atendida e aí nada pede e não se abre para receber. A consequência são relações superficiais e frequentemente expressam frases como: "Eu não tenho sorte, tudo que quero preciso conquistar com muito trabalho" ou "Não devo nada a ninguém!"

Para reflexão:

- O quanto você se permite receber?
- O quanto você consegue pedir?
- Quanto você aceita que o outro talvez não possa lhe dar algo naquele momento?

A vida dá para quem se coloca para receber. Se penso que só tenho aquilo que trabalho para ganhar, que só recebo aquilo que lutei para ter, nego todas as oportunidades de receber algo de maneira leve. Quanto mais permito receber da vida e das pessoas e aceito com gratidão, mais suavemente tudo chega a mim. Permitir receber é tão importante quanto dar, quando me coloco para receber permito ao outro que se sinta importante para mim, somente assim faço parte do fluxo da abundância, no qual o dar e receber são equilibrados.

12. Como o julgamento pode impedir alguém de manter relacionamentos equilibrados e saudáveis?

Quando julgamos estamos percebendo somente o comportamento negativo, e é por esse comportamento que nos vinculamos àquela pessoa, isso é um vínculo negativo. O julgamento afasta a possibilidade de uma relação saudável, baseada na troca do que cada um tem de melhor. Se julgo um colega de trabalho por um comportamento negativo, como achar que ele é autoritário, isso me impede de receber uma colaboração significativa para o meu crescimento profissional. Poderia pensar: "Aquele meu colega é autoritário mas tem qualidades como gostar de ajudar os companheiros, então vou pedir sua ajuda para terminar este projeto". Pessoas que julgam muito se sentem sozinhas porque ninguém serve para se relacionar com elas. Não recebem, porque não se colocam para receber. A aceitação permite o equilíbrio que gera bem-estar. A flexibilidade para aceitar o outro me permite receber sempre o que as pessoas têm de melhor.

13. Como a relação que tenho com meus pais influencia a relação que tenho com pessoas de outros grupos?

Quem julga os pais expressa este comportamento em todas as outras relações. Desenvolve um olhar crítico, buscando aquilo que o outro tem de errado. É um caçador de defeitos. E aí não recebe, não interage, somente julga e condena. Fica com sensação de vazio.

14. Como a Constelação Sistêmica Familiar compreende o dinheiro?

No livro *Leis Sistêmicas na Assessoria Empresarial*, Bert Hellinger diz: "O dinheiro possui uma dimensão espiritual. Ele reage como se tivesse uma alma e um faro fino para a justiça e a injustiça".

O dinheiro tem um dono, aquele que o ganhou. O seu lugar é sempre ao lado daquele que plantou algo, o dinheiro é a colheita. Pessoas que estão sempre buscando pela colheita sem ter plantado não a terão. O dinheiro é um benefício que recebemos quando expressamos nossos dons, nossa missão com amor. Quando colocamos o que fazemos a serviço da vida, não precisamos esperar pelo dinheiro, ele é a colheita. Quando planto posso colher, quando faço aquilo que sei fazer e coloco a serviço da vida, não estou buscando pelo dinheiro, faço porque me sinto bem, porque gosto do que faço e sei que estou entregando algo à vida. Menciono sempre que quem nos paga não é um patrão, um chefe, ou um cliente em caso de ser autônomo, quem nos paga é o Universo. Quando alguém faz aquilo que sabe fazer, com amor e dedicação, vai receber aquilo que merece. Se seu cliente ou patrão não pôde pagar aquilo na medida que merece receber, o Universo vai trazer alguém que vai pagá-lo. Quero dizer com isso que sempre recebemos equilibradamente àquilo que entregamos, a troca com o Universo é equilibrada. Aquilo que dou eu recebo, nem preciso correr atrás. Compreendo que não existe desemprego para quem se coloca a serviço da vida. O desemprego é uma desarmonia sistêmica, isto é, uma resposta, uma consequência de algo que está sendo desrespeitado.

O dinheiro tem a ver com a relação com o pai, o provedor da família. Quem nega o pai, julga e condena seu comportamento, provavelmente terá dificuldades de lidar com o dinheiro. Não me conecto com aquele que me provê. E isso não tem nada a ver com a presença física do pai, a conexão pode existir independentemente da presença física. O que gera conexão é a aceitação do pai do jeito que é ou foi, com seu destino e sua atuação. O dinheiro nada tem a ver com o sucesso na carreira, que está ligado à conexão com a mãe. Uma pessoa pode ter sucesso na carreira e não saber lidar com o dinheiro, gastar demais, não se sentir recebendo o que merece, ficar sempre com dívidas. Então a conexão com pai e mãe também vai interferir na relação com o dinheiro.

Se tudo na vida é consequência, cabe buscar entender o que gera tal dificuldade. São possíveis causas de crenças financeiras adquiridas na infância, como: "Dinheiro é sujo", "Só tem dinheiro quem tem sorte", "Quem ganha muito dinheiro é desonesto", "O dinheiro pode acabar", "O dinheiro nunca sobra" e outras tantas que foram adquiridas por situações vividas pela família. O vínculo com a família de origem pobre pode também limitar o indivíduo de progredir financeiramente. Pode ser que alguém não se permita ter mais dinheiro do que a família para se sentir pertencente, se ganhar muito pode se diferenciar do padrão financeiro do grupo familiar. Nesse caso, é preciso pedir a permissão para trazer ao grupo uma nova possibilidade.

"Em honra a vocês eu me coloco para progredir trazendo uma nova realidade para o nosso grupo." Além das crenças, outras situações podem impedir a prosperidade financeira, por exemplo, as dívidas adquiridas em gerações anteriores como já expus anteriormente, ou compulsão por compras que pode ser um vínculo familiar que mantém ligados os membros por uma necessidade de suprir um vazio, falta de alguém.

Compreender que o dinheiro é vida, que é o benefício do trabalho oferecido com amor, que pertence a quem o ganhou e que posso fazer parte da corrente da abundância se me mantiver com equilíbrio entre o dar e receber são pontos cruciais para a abundância financeira. O equilíbrio compreende em se colocar para receber de acordo com aquilo que ofereço ao Universo. É preciso plantar para colher.

3

Solução: Harmonização do Sistema Familiar ou Frases de Solução para harmonizar uma Constelação Sistêmica Familiar

Quando existe a aceitação dos fatos que criaram a nossa realidade, cada um pode seguir o seu destino.

1. Como a metodologia encaminha para a solução as desarmonias que se apresentam quando as Leis Sistêmicas são desrespeitadas?

Através do respeito às Leis Sistêmicas, dando lugar a quem se sentiu excluído, respeitando a ordem de hierarquia no sistema, equilibrando o que estava em desequilíbrio. Isso é feito através do que chamamos de Frases de Solução. São frases que são ditas pelo cliente (ou por seu representante) aos representantes das pessoas envolvidas. Elas trazem a consciência e compreensão da desarmonia e encaminham para a solução.

Por exemplo, um rapaz que se responsabilizava pela mãe e irmã após a separação dos pais, ele culpava o pai pela separação e tomou o seu lugar. Esse rapaz sentia sua vida paralisada e se sentia impedido de construir sua própria família. Na Constelação compreendeu que tinha excluído o pai. Desvalorizava o que ele fazia se colocando melhor para assumir a família. O pai rejeitado não contribuía. A solução foi o filho, olhando para o representante do pai, dizer: "Você é o meu pai. Este é o seu lugar. Eu o respeito assim como é. O que houve entre você e minha mãe eu deixo com vocês. Assumo o meu lugar e ajudarei como posso. Agradeço pela vida que recebi". Nesse exemplo, as Leis que estavam sendo desrespeitadas eram a Lei do Pertencimento e da Ordem. Foram reconhecidos o pertencimento e o lugar do pai através das frases de solução. As frases vão gerar harmonia e conciliação ao sistema.

Exemplos de Frases de Solução quando a desarmonia for com relação à Lei do Pertencimento:

✓ *Você faz parte.*

- Eu reconheço o seu lugar.
- Onde você estiver sempre terá um lugar no meu coração.
- Eu respeito o seu destino e lhe dou um lugar.
- Eu o aceito exatamente como é, e lhe dou um lugar.
- Aqui é o seu lugar.
- Você pertence a esta família.
- Quando eu vejo você, reconheço a sua importância.

Quando a desarmonia for com relação à Lei da Ordem:

- Você é meu pai assim como chegou a mim.
- Entre nós você veio primeiro.
- Eu reconheço tudo o que recebi e agora dou continuidade.
- Você veio primeiro e reconheço a sua importância.
- Foi necessário cada um de vocês para que eu estivesse aqui.

Quando a desarmonia for com relação à Lei do Equilíbrio:

- Nós somos iguais.
- Você dá e eu recebo.
- Eu sou grato pelo que recebi e dou a você algo valioso.
- Eu tomo de você a vida.
- Obrigada pelo que recebi de você.
- Quando você recebe nos tornamos iguais.
- Juntos podemos construir algo novo.

4

Compreensões da Vida

*Não julgar exige humildade.
Na humildade se desenvolve um novo olhar,
o olhar que acolhe a realidade.*

Falamos sobre as Leis Sistêmicas e sua atuação nos diversos grupos de relacionamentos. A seguir vamos explorar as diversas situações da vida em que aparecem limitações impedindo a felicidade e a harmonia. Baseio-me nas questões trazidas em diversos atendimentos de Processos de Coaching, Workshop de Constelação e em Treinamentos de Formação. Trago a visão da metodologia desenvolvida por Bert Hellinger a serviço da vida.

1. Como a Constelação entende a família e o que ela representa?

A família é o bem maior. Quando um homem e uma mulher se unem, e principalmente geram filhos, cria-se um novo sistema. Esse sistema tem prioridade sobre o sistema de origem, mas não existe relação a dois. Quando se escolhe criar uma nova família, ambos trazem o seu sistema individual. Os pais, avós, irmãos e todos os vínculos que os unem se englobam na nova relação. A religião, as crenças atuantes, a ligação com o país de origem, doenças e dívidas sistêmicas vão atuar no novo sistema e também atuarão nos filhos do casal. Para que a família tenha sucesso, acolhe-se cada membro com seu sistema e o que a eles pertence. Os traumas e carências vividos por cada um também vai manifestar desafios a serem acolhidos e liberados. Uma mulher que não tomou seu pai na infância pode buscar por um pai na relação. O contrário também é verdadeiro. Pela Lei da Ordem, o nosso passado deve ser acolhido com o devido respeito para assim criar um futuro de harmonia. Casar é aceitar viver um relacionamento com o parceiro, sua família e seu destino.

Segundo Bert Hellinger, relacionar-se com alguém também é ir morrendo aos poucos. É um processo de morte, cada conflito em uma relação é uma etapa do processo de despedida e morte. Somente a partir dessa morte individual é que se alcança um patamar mais elevado. Quanto mais longa a relação, mais perto chegam da renúncia individual. Às vezes percebo mulheres buscando por relacionamento e valorizando a individualidade. Existe um caminho de desapego daquilo que só pertence a um. Se não houver essa intenção, a relação não vai durar. Nasce um outro individual, tão importante quanto o primeiro, mas é preciso nascer outro. Talvez por isso muitos casamentos acabem. Ou ainda talvez por isso se torne mais desafiador permanecer numa relação e direcioná-la para um casamento.

2. Qual a visão, segundo a Constelação Sistêmica Familiar, sobre o sexo?

O sexo está a serviço da vida. Bert Hellinger diz: "A consumação do ato sexual é a realização da vida". Essa é a realização do casal. A união de almas que se manifesta no filho. O que acontece depois da vida gerada ou em casais que não podem ter filhos é a manifestação de um destino que une os dois de maneira especial, por algum tempo ou até a morte. Significa que amo o destino que o outro me traz. Um amor de destino. Um dos parceiros pode não estar presente para viver a entrega no ato sexual. Pode estar vinculado a algo que não está resolvido no seu passado. Isso pode ser a causa das traições. Mulheres que buscam algo no seu passado e energeticamente não estão presentes para o sexo "permitem" inconscientemente a traição, mesmo que isso lhes doa depois. Não estão prontas para atender sexualmente o companheiro. A necessidade sexual do macho garante a continuidade da espécie. O sexo gera vida, o amor não, por isso o sexo é muito importante na relação, mesmo que não exista a procriação, a necessidade precisa ser reconhecida.

3. Durante muito tempo, acreditava-se que o casamento era para a vida inteira, mas atualmente os casais se separam com mais facilidade em busca da felicidade no relacionamento. Como a Constelação Sistêmica Familiar aborda essa nova família que evidenciamos nos tempos atuais?

O respeito, assim como a gratidão ao passado, é a porta que se abre para um futuro harmonioso. Também assim acontece com as novas famílias. Uma nova relação só será feliz se o lugar da família anterior for respeitado e dignamente gratificado. Quem decide construir uma relação em que o parceiro já veio de um casamento anterior enxerga a importância do passado vivido e dá lugar aos filhos, caso existam, da primeira relação e ao ex-parceiro que de alguma forma permitiu que o segundo casamento se realizasse quando terminou a relação. Nas Constelações, o atual parceiro agradece ao primeiro: "Foi o que você viveu com ele(a) que permitiu a nossa relação. Eu respeito o seu lugar". Se existirem mágoas em relação ao parceiro anterior, a nova relação não se consolida. As Leis Sistêmicas mostram que, quando um fica sofrendo, os vínculos atuam para gerar o equilíbrio, trazendo representações e sentimentos que impedem a felicidade, pois alguém ficou menor e o sistema cobra a igualdade.

4. O que é, e por que o sentimento de culpa está tão presente nas pessoas nos dias atuais?

A culpa é o medo de exclusão. Falamos sobre a necessidade inconsciente de pertencer. Quando algo coloca em risco o pertencimento, sentimos medo de ser excluídos do Sistema, sentimos culpa. Vivemos em um tempo em que somos cobrados por resultados o tempo inteiro, quer por nossa família ou por amigos. É como se precisássemos sempre apresentar resultados positivos. Na busca por essa felicidade não existem limites, às vezes, não se enxerga o outro, e só depois do feito fica a compreensão do desrespeito. A culpa nasce quando fazemos algo a alguém que o prejudica ou quando algo que desejamos prejudica alguém. É quando se tem algum lucro ou vantagem à custa do sacrifício do outro. Pela Lei do Equilíbrio, compreendemos que o outro fica em desvantagem. A culpa faz com que manifestemos algo para nos redimir, a necessidade de se sentir equilibrado é a expiação. Quando alguém expia por algum mal que fez a outro, faz um mal a si mesmo. A pena é uma maneira de se expiar, de se pagar por algo que cometeu. Muitas vezes sua manifestação é secreta pelo risco que se corre caso o fato seja descoberto, mas ainda posso atrair para minha vida situações de sofrimento para compensar o mal que fiz. Sem contar para ninguém. A pessoa pode nem perceber, mas inconscientemente escolheu pagar uma pena e começa a sofrer. Estou me referindo à culpa pessoal e como atua impedindo a felicidade.

O aborto é algo que gera culpa. Nos atendimentos, percebo que as pessoas que realizaram aborto ou até que sofreram um aborto espontâneo se sentem culpadas. Embora tenham um discurso de aceitação, "Eu não podia ter um filho naquele momento" ou "Foi espontâneo, eu não pude fazer nada", existe a culpa. A maneira de se castigarem é não se sentindo merecedoras de felicidade. O que manifestam é uma necessidade de se colocar como inferiores nas relações, e a mente atrai pessoas e situações que vão desmerecer e invalidar suas conquistas.

Existem dois movimentos em caso de aborto: um em que se busca ser feliz e se sente inconformidade com os resultados que a vida lhe traz e outro inconsciente, que é buscar situações em que se permita sofrer, pagar a pena. Só se libera desse sofrimento pela humildade e aceitação, assumindo a responsabilidade do que foi feito. Pela Lei do Pertencimento, entendemos que todos têm um lugar no sistema. Tem que dar lugar ao aborto, reconhecendo que foi assim. Este "dar lugar" é uma expressão de amor, tanto para o abortado como para quem fez ou viveu o aborto. Usamos frases como: "Eu reconheço o seu lugar. Você tem um lugar, o lugar de meu primeiro filho (caso tenha sido o primeiro) e eu reconheço. Onde estiver sempre será meu filho. Você faz parte desta família". A postura de humildade diante do fato, e a aceitação da realidade, libera da culpa e transforma aquilo em força para algo maior. A pessoa pode fazer algo para crianças carentes, por exemplo.

Em outras situações é aceitar as consequências e buscar como posso me responsabilizar por esse fato. Um exemplo disso: uma mulher se apaixona por um homem casado, vive uma relação com esse homem e sente culpa. Se quer se livrar da culpa, o caminho é aceitar que existe algo, um amor, talvez. A realidade é que o homem é casado. O que essa pessoa pode querer para si? Continuar uma relação na qual não pode receber em equilíbrio pelo que ele dá? Contar para a esposa para terminar com a relação? Não existe felicidade à custa do sofrimento de outrem. O homem é casado, somente ele pode resolver isso, existe um destino dele para ser vivido. O jeito é aceitar que algo aconteceu, seguir e buscar uma relação equilibrada. Deixar aquilo que não traz felicidade e ir em busca de alguém que possa dar amor tanto quanto recebe. Toda escolha gera uma consequência, é possível escolher a consequência e qual escolha libera da culpa.

Outras situações podem gerar culpa e expiação. A morte natural, por exemplo, pode gerar culpa em outros membros do sistema quando existe uma avaliação de que não foi feito algo que pudesse impedir esse desfecho. "Eu poderia ter dado mais atenção", "Poderia ter pago um atendimento melhor", "Eu estava brigado com a pessoa e isso contribuiu para o final trágico". São inúmeras situações que podem gerar culpa. Em todos os casos, o que se busca é que aquele não era o desfecho pretendido. Precisa existir uma razão, e essa razão é o destino de alguém querido.

Uma falência empresarial que causa prejuízos, uma relação rompida que gera sofrimento familiar, uma batida de carros em que houve vítimas ou perdas, demissão de funcionários, uma renúncia que gerou consequências comprometedoras. Em todas as situações, aceitar humildemente o fato e se responsabilizar pelo passo seguinte gera paz.

5. Qual o papel do Perdão na Constelação Sistêmica Familiar? Ou como é visto o Perdão segundo as Leis Sistêmicas?

Segundo Bert Hellinger, o perdão que une é oculto e silencioso. Ele não é falado, mas praticado. Ele esquece. Quando eu perdoo alguém eu o declaro culpado. Eu me coloco maior, estou infringindo a Lei do Equilíbrio, e quando isso acontece a relação acaba. Quando manifesto o perdão que une, eu permito um recomeço. Manifesta-se a igualdade na relação. Silenciosamente.

6. É permitido pedir perdão a alguém e como expressar esse sentimento para gerar harmonia no Sistema?

Quando sou perdoado eu deixo de me responsabilizar pelas consequências de meus atos. A conscientização da culpa faz assumir a responsabilidade das consequências de meu erro. Isso gera uma força, a força que pode corrigir. Pedir perdão é algo confortável e torna aquilo menor. Assumir responsabilidades gera a força que me faz igual. É comum ouvirmos alguém dizer: "Ele fez tal coisa, mas em compensação...". A comunicação nessa frase é de igualdade. Na frase: "Ele fez tal coisa e eu perdoei" existe desequilíbrio, o grande é quem perdoou.

7. Em casos extremos como de assassinatos, podemos perdoar um assassino?

Perdoar um assassino faz com que ele não reconheça o mal irreparável que cometeu. Ele não pode esperar o perdão. Para recuperar a sua dignidade ele assume a responsabilidade e faz algo em benefício da sociedade. Essa é a forma de recuperar o seu lugar. O que gera a dignidade é: "Eu fiz algo irreparável e agora faço algo para compensar. Eu servirei à vida". Alguns servem com uma religião, por exemplo.

8. Como faço para não sentir culpa de um ato que cometi?

Aceitando e assumindo a responsabilidade da consequência de seu ato. Isso traz equilíbrio à relação. Quando aceitamos a responsabilidade e suas consequências o outro sai do papel de vítima e o perdão é silencioso. Numa traição de casal, por exemplo, assumir a culpa é se colocar para construir uma nova relação, caso o outro deseje. Se não desejar, é assumir a separação com responsabilidade para não gerar mais sofrimento aos outros envolvidos. Tirar os aprendizados sem colocar a culpa no parceiro, mas aceitando o que aconteceu e buscando uma solução a contento de ambos. "Eu fico com a minha parte e agora assumo as consequências me afastando de você!"

9. Podemos representar a culpa que possa estar vibrando do nosso Sistema?

Sim. O que foi vivido em gerações anteriores, as dívidas de nosso sistema podem ser representadas durante gerações seguintes. Outro membro pode vir a expiar a culpa, vivendo a dívida sistêmica. Existem dívidas sistêmicas que permanecem como vínculos, em que outros membros carregam a dor daquele que sofreu. Fiz uma Constelação de uma moça que não conseguia sucesso em seus relacionamentos. As suas irmãs e primas também não tinham se casado. Todas viviam sozinhas e sentiam a mesma tristeza. Na Constelação apareceu um vínculo com uma ancestral que foi deixada em Portugal quando o marido veio para o Brasil em busca de uma vida melhor e ficou de buscá-la com seus dois filhos e nunca mais voltou. Aqui, esse ancestral casou-se novamente e construiu uma nova família, que deu origem a gerações posteriores como essa cliente, porém ela e suas duas irmãs e primas se vincularam à mulher que ficou em Portugal, sozinha. Ela precisava ser reconhecida.

As frases que reconheceram esse vínculo foram:

- *Em honra a sua dor nós também ficamos sozinhas.*
- *Quando ficamos só dividimos a dor com você.*
- *Ficamos só em reconhecimento ao seu sofrimento.*

As frases que harmonizaram o sistema foram:

- *Pedimos permissão para sermos felizes.*
- *Nós conquistaremos aquilo que não foi possível para você.*
- *Reconhecemos o seu sofrimento e em sua honra seremos felizes.*

10. Como podemos perceber a manifestação de uma expiação de culpa em algum membro do meu Sistema?

Não existe uma regra. Em muitos casos de síndrome do pânico que já atendi chegamos a situações de culpa vividas por gerações anteriores. Alguém expiava uma culpa do passado.

Também são manifestações de expiação os medos inexplicáveis que algumas pessoas sentem e que limitam o seu evoluir. Alguns exemplos de situações que geram representação de culpa em gerações posteriores são: membros do sistema que fugiram do compromisso de participar de uma guerra (como já vimos, o compromisso com o grupo se sobrepõe à identidade individual, a consciência coletiva procura restabelecer a integridade do grupo); assassinato; roubos; dívidas contraídas e não pagas e qualquer situação em que alguém se beneficiou em detrimento do sofrimento de outro. Alguém do sistema carregará essa culpa. Também já constelei situações de estupro ligadas a membros do sistema que abusaram sexualmente de mulheres em situações de fragilidade, quando terras foram invadidas e tomadas por imigrantes.

11. Casos de psicóticos na família podem ser uma representação de culpa sistêmica?

Sim. Casos de psicóticos mostram que na família algo aconteceu e permanece em segredo, não é dito, porque gera sofrimento ou revela um assassino e sua vítima. Não existiu reconciliação. Os dois se manifestam juntos, num mesmo membro do sistema, como partes, buscando pela libertação.

12. Por meio das Frases de Solução é possível libertar os vínculos de culpa que se manifestam no Sistema no caso de um assassinato?

Sim, com muito amor. Aceitando humildemente todos os fatos da forma que foram. Reconhecendo o lugar de cada um. A Constelação vai colocar um diante do outro para que o assassino acolha a vítima e a vítima acolha o assassino. Somente assim manifesta-se a reconciliação e ambos se libertam. Usamos frases como:

- *Eu sou tão vítima quanto você.*
- *Eu sou tão algoz quanto você.*
- *Eu sofro tanto quanto você.*
- *Em nome deste sofrimento eu o liberto e me liberto.*
- *Nós somos iguais.*
- *Foi assim e reconheço a sua e a minha dor.*

13. Como a humildade se manifesta, de modo a transformar e curar as pessoas de um Sistema?

Humildade é o ápice da aceitação. É o nada e o tudo, dentro do mesmo contexto. É o momento presente assim como é. Aceitação e presença é a essência da reverência e só assim posso dar um passo adiante. Em paz.

14. A morte é compreendida como uma perda. Fato que gera muitas dores e incompreensões e até sentimento de culpa. Como lidar com a morte?

Devemos nos despedir dos mortos com consciência do destino de cada um. A conexão com quem partiu é resultado da aceitação do seu destino. A morte faz parte daquela pessoa e do tempo que ela pôde ficar entre nós. É aquela pessoa com a vida que teve e também com a morte no tempo e da forma que foi. Quando consigo aceitar o destino me sinto próximo àquele que se foi. A aceitação permite que o morto se vá. Com aceitação os vivos podem viver e os mortos podem morrer. O luto precisa ser vivido porque existe uma dor, a dor da separação física, a dor da relação que se findou. Assim como precisa ser vivido, o luto também precisa cessar, e assim o falecido vai para o lugar dos mortos e passa a viver em nosso coração com gratidão pelo que nos ensinou. Quando alguém se sente culpado com relação à morte do outro, não consegue conexão. O morto vira fantasma cobrando pela paz. Amar é aceitar o destino daquela pessoa, assim como chegou a nós, como pôde contribuir, só assim existe a gratidão pelo seu legado.

Exemplos de Frases de Solução

- *Quando vejo você, eu vejo também o seu destino, e reverencio com respeito.*
- *Este é você, com o tempo que pôde ficar entre nós, e eu o aceito assim como foi. Siga em paz e eu sempre lembrarei de você com gratidão pelo tempo que vivemos juntos.*
- *Agradeço por tudo que compartilhou comigo. Eu o aceito assim como foi.*
- *Quando eu o aceito assim como foi, eu posso viver.*

15. Lidar com as perdas pode levar uma pessoa à depressão. Como a Constelação compreende a depressão?

Segundo Bert Hellinger, a depressão é a doença das raízes. A pessoa deprimida não tomou dos pais. Tomar significa receber dos pais aquilo que eles puderam dar. Quem não toma dos pais, como puderam ser, fica como uma planta sem raiz.

A primeira perda foi a dos pais, ou talvez somente a do pai ou da mãe. Essa perda nem sempre é por ausência física, mas a criança entende como perda, não se conecta.

As interpretações de perdas podem ser por uma separação ou por ausência diária, ou ainda pela postura de um pai ou mãe autoritários. As perdas seguintes podem ser representativas para a criança. Cria-se um acúmulo de sofrimentos de perdas ao longo da vida. É como se a partir de um momento não existisse mais o que perder, a pessoa se afunda na tristeza e se impede de viver, porque viver significa mais perdas, ou sofrer pelo que já se foi. Então ela não quer mais viver. É uma negação ao estado natural da vida. Uma negação ao que a vida dá. Não existem forças para lidar com mais nada. Não quer tomar banho, não quer se levantar, não quer interagir com ninguém para não participar. Tomar banho, comer significa que está se colocando pronto para viver, e existe uma necessidade de negar o que vem com a vida. Se está lúcido precisa chorar a tristeza das perdas.

A medicação acalma os sentimentos, é um socorro para não chorar. A pessoa depressiva busca dar demais nas relações porque se sente vazia e precisa receber muito para se suprir, mas por mais que receba nunca se sente suprida. O vazio continua. Ela ainda busca pelo que não recebeu dos pais. Quem se relaciona com pessoas depressivas percebe o quanto elas querem dar na relação, mas cobram muito mais do que o outro pode pagar e se magoam com facilidade. É novamente a dor da perda. Uma perda significativa na vida adulta pode gerar depressão quando não existe aceitação do fato, e essa postura normalmente vem da falta de conexão com os pais.

16. A Constelação pode ajudar uma pessoa depressiva?

A Constelação reconecta a criança sofrida com seus pais, com suas raízes. Colocamos a representante da criança diante daqueles que lhe deram a vida, assim ela toma dos pais e pode aceitar o destino daqueles que se foram. Já fizemos muitos *workshops* em que a pessoa conseguiu compreender de onde vinha a sua dor e com isso, naturalmente, mudou seu comportamento. A depressão também aparece nas Constelações como alguém que busca por alguma pessoa que morreu, e assim não está presente para viver manifestando o comportamento que disse anteriormente. A solução é a aceitação do destino daquele que se foi, que num *workshop* é resultado de um trabalho de consciência e liberação de sentimentos de dor.

17. Pesquisas mostram o aumento considerável de crianças com depressão, como a Constelação explica esse fato?

As crianças carregam a dor dos pais. A insegurança que sentem com relação à estabilidade da família gera ansiedade e ela deixa de ser criança para se preocupar com o futuro do grupo. Quando montamos uma Constelação com representantes de crianças com problemas de depressão ou de transtornos de atenção, percebemos a inquietude do representante que não sabe como fazer para unir os pais e vemos que ele se conecta com aquele que sofre e que está triste. A criança, por amor, quer resolver o problema dos pais, mas se sente impotente, então fica insegura, ansiosa com o futuro e não pode viver a infância, que é o seu presente. O representante da criança anda de um lado para outro, não sabe onde é o seu lugar. Não existe pertencimento, nem ordem, nem equilíbrio, porque acriança deixa de ser pequena sentindo a dor dos adultos.

18. A Constelação pode mudar esse quadro depressivo?

Quando os pais buscam por uma Constelação, percebem a dinâmica que está atuando na família e mudam de atitudes com relação aos filhos. Pode aparecer também na prática que um dos membros busca algo do passado, vinculado a situações não resolvidas de sua infância, não estando presente como pai ou mãe. Enfim, é possível entender e alinhar para que cada um ocupe seu lugar com equilíbrio e isso gera paz no sistema.

19. É possível educar uma criança para que se sinta forte e conectada com suas raízes?

Essa é uma prática que nos dias de hoje perdeu o valor. A criança que sabe de sua história, que sente suas raízes, é forte para enfrentar os desafios da vida. Quando ela se sente acompanhada, manifesta a força interna em suas atitudes e relações. Deveria existir em todas as famílias um horário de histórias dos ancestrais, isso mudaria o mundo, acreditem.

20. Falamos em separação dos pais, como lidar com um fato tão comum nos dias atuais para não gerar filhos enfraquecidos?

A criança que entende que o que houve com os pais nada tem a ver com a relação entre ela e o pai ou a mãe, mantém a conexão e se sente fortalecida, o lugar dela é preservado. O que gera conflito é o fato dela não se permitir amar cada um, mesmo estando separados. É como se traísse o amor de um quando ama o outro. O que gera estabilidade é o pertencimento a seu lugar de origem e a compreensão de que isso não mudou. Criança que enxerga os pais harmoniosos vive feliz e aprende a aceitar os fatos, por exemplo, o fato de os pais se separarem. Se um dos pais vai para uma nova relação, mas mantém o respeito à primeira e o lugar da criança como filho preservado, e ainda o novo parceiro no seu lugar, tudo caminha para a harmonia.

21. Como proceder quando o pai ou a mãe se ausenta após a separação, não dando a atenção que o filho merece?

Aceitação e entendimento. Diga aos seus filhos: "Seu pai (ou sua mãe) não está presente, mas eu agradeço pelo encontro que tive e que gerou a sua vida. Agora estamos assim. Agradeço imensamente por ele (ou ela) ter me dado você. Não importa como estamos agora, o que importa é que podemos ser felizes, podemos fazer da nossa vida algo muito bom". E ainda: "Você tem tais qualidades de seu pai (ou mãe). Eu me alegro com isso". Manifeste gratidão pela relação, do jeito que pôde ser. A maneira como cada um vai lidar com a ausência do outro não é problema do filho, afinal cada um escolheu o seu cônjuge.

22. Como a Constelação vê os casos de assédio ou abuso sexual com filhos ou enteados dentro da própria casa?

Falamos em estado de presença e o quanto percebemos adultos ainda presos em situações emocionalmente traumáticas do passado ou até seguindo algum membro que já se foi. Isso faz com que a pessoa fique ausente para a vida de adulta. Nas Constelações, o que aparece são mães que não se encontram presentes no casamento por uma causa particular, e, numa dinâmica secreta, a filha toma o lugar da mãe. Não é a mãe que força a filha a fazer isso, a mulher não sabe o que está fazendo. É uma dinâmica sistêmica. Todos conhecemos relatos de crianças que ao sofrerem assédio contam para as mães e estas não acreditam, ou não dão ouvidos. Já fiz várias Constelações em que o assédio aparece comprovando a ausência da mãe e causa espanto, mas é percebido e reconhecido. A responsabilidade é do pai ou padrasto que sabe o que está fazendo. Sei que causa estranheza, mas quem fica preso ao passado doloroso, ou vive algo que não gostaria de estar vivendo, deixa o lugar vazio, e dentro da compreensão da Lei da Ordem alguém do sistema toma esse lugar, no caso a filha, com o objetivo inconsciente de suprir o papel da mãe. Houve um caso de Constelação em que a pessoa descobriu que era filha de quem ela considerava seu avô. O pai da mãe dela abusou sexualmente da filha. Houve uma gravidez e ela nasceu. A história era que esse homem ficou viúvo muito cedo. A sua esposa faleceu no parto do sexto filho. A família precisava continuar. Numa dinâmica secreta a filha mais velha tomou o lugar da mãe e engravidou. Foi desafiador para a minha cliente se colocar diante desse fato, mas essa era a sua realidade. O que fazer? Assumir a vida que recebeu e buscar ser feliz.

23. Quanto à homossexualidade, como é vista pela Constelação?

A condição sexual não é motivo de exclusão. Todos têm o seu lugar no sistema. A homossexualidade aparece quando não tem um representante do sexo oposto para assumir um papel no sistema. Uma das causas de representação é quando um membro do sistema viveu uma relação anterior ao casamento e terminou essa relação de forma não aceitável para a parceira, ou seja, sem a concordância de ambos, um membro da relação não aceitou a separação, se sentiu desrespeitado e o sistema precisará trazer essa representação para que esse parceiro seja reconhecido em sua importância e lugar.

Vou exemplificar com uma Constelação. Um rapaz bissexual me procurou para constelar uma situação de paralisação que sentia em diversas áreas da vida. Sentia que profissionalmente não fluía, não havia os progressos esperados. Era casado, mas mantinha secretamente relações com homens, embora amasse sua esposa. Financeiramente, em consequência da não evolução profissional, não estava feliz. Colocamos para constelar o objetivo de compreender por que sua vida não fluía. Para iniciar coloquei representantes para ele e o fluir da vida. O movimento inicial foi de afastamento e o sentimento de tristeza entre os representantes. Compreendendo a importância dos pais no fluir da vida, coloquei representantes para seu pai e sua mãe.

A dinâmica que apareceu foi: o cliente não se conectava com a mãe, sentia vergonha dela. A mãe não se sentia feliz ao lado do pai e cobrava algo do filho. O pai gostava do filho, mas se sentia cobrado. O cliente sentia inexplicavelmente como se estivesse traindo alguém. Perguntei: "Seu pai teve um relacionamento muito significativo antes de se casar com sua mãe? Algo que talvez não tenha terminado bem?"

Meu cliente respondeu que sabia de uma ex-namorada do pai, mas não tinha informação se teria sido algo tão significativo. Coloquei uma representante para essa ex-namorada. Imediatamente houve uma conexão do representante do meu cliente com a representante da ex-namorada do pai. A mãe se afastou e o pai sentia como se devesse algo. Coloquei meu cliente no lugar de seu representante e ele sentia a conexão com a ex-namorada do pai. Palavras dele: "Era como se fosse uma coisa só".

Aquele era um caso de representação sistêmica. Para conferir coloquei a frase: "Eu represento você!" E quando pronunciada verificamos o quanto era verdadeira. A mãe tinha uma rejeição ao filho, que até então não era compreendida. A bissexualidade vinha pela necessidade no sistema dessa representação. Como nasceu um filho homem, este manifestava a bissexualidade para atender a necessidade do sistema. Aquela mulher precisava ser representada. Meu cliente representava uma mulher. O objetivo da Constelação não era entender a bissexualidade, mas exemplifico porque ficou claro na representação. Todas as soluções foram trabalhadas, reconhecendo o lugar de cada um, a importância daquela relação anterior e a finalização do compromisso que houve. Ela ficou como a primeira relação importante e não precisava mais de representação. Ocupou o lugar que lhe era de direito. Assim o representante da fluidez aproxima-se do meu cliente. A paralisação era o peso da representação. Desse modo ele pode se conectar com a mãe. De acordo com a atuação das Leis Sistêmicas ninguém consegue ser feliz em detrimento do sofrimento de outro, por isso ela precisou ser representada.

24. Como lidar com as finalizações de relações entre casais para que não haja necessidade de representação Sistêmica?

Dando sempre o lugar a cada um no sistema. Finalizar uma relação deve ser algo claro, respeitoso e com gratidão pelo que foi vivido. Gratidão por aquilo com que cada um contribuiu na relação. Quando a gratidão pela relação acontece não existe a necessidade de representação. Ela tem um lugar no passado. Um lugar de respeito. O sentimento de mágoa quando se finaliza uma relação, ou a sensação de que um ficou feliz à custa do sofrimento do outro, traz a necessidade de representação. Algum mal precisa ser visto e reparado, isto é, precisa dar o lugar de respeito ao membro daquela relação, o reconhecimento da sua importância. Quando isso é reconhecido não existe necessidade de representação.

25. Em que outro caso a representação Sistêmica pode trazer a homossexualidade?

Entendemos que todas as vezes que houver necessidade de uma representação, caso o membro escolhido para representar não seja do mesmo sexo, haverá a homossexualidade. Uma situação que já tive oportunidade de constelar foi a de um cliente que nasceu após um aborto da mãe. No caso a mãe grávida perdeu o bebê já com estágio avançado de gravidez. Estava de quatro meses e por um problema de saúde o bebê morreu ainda no seu ventre, era uma menina. A mãe e o pai ficaram muito abalados com esse fato. Em menos de um ano após o acontecido, a mãe engravidou novamente. Passou a gestação com muito medo e a gravidez seguinte para ela ficou como se tivesse a oportunidade de receber seu bebê novamente. Agora ela estava grávida de um menino. Esse menino nasceu com saúde e tranquilizou os pais. Mais tarde, ele se percebeu homossexual, representando a menina que os pais queriam tanto e o fato de não conseguirem aceitar o ocorrido. O que aconteceu anteriormente precisava ser dignamente reconhecido e aceito, como não houve aceitação a representação se fez necessária.

26. Como fazer para que essa representação não aconteça, caso haja um aborto na família?

Pela Lei do Pertencimento, basta reconhecer o lugar de cada um. Se existiu um aborto, dê o lugar que a ele pertence. "Você é meu primeiro (ou segundo, coloque sempre na ordem de precedência) filho e sempre terá este lugar."

A frase "Nós aceitamos o seu destino, da forma que foi e lhe damos este lugar" permite ao filho seguinte nascer e ocupar um lugar que será só seu. Os filhos vivos podem e devem saber dos abortos, não precisa explicar o porquê, somente dizer "Houve outro filho antes de você, que não está conosco, mas ele tem um lugar junto a nós".

Percebam que é a própria vontade dos pais que, inconscientemente, manifestam a necessidade de representação quando não aceitam a realidade.

27. As Leis Sistêmicas condenam o aborto?

De acordo com as Leis Sistêmicas ninguém pode tirar o direito à vida. Por isso acontece a representação. Porém não existem julgamentos para quem o fez. Existe a necessidade de aceitação do fato, compreendendo que foi assim.

Para reconhecer o acontecido e dar um lugar no sistema usamos frases como: "Foi assim. Eu dou a você um lugar. Um lugar de amor. Você faz parte deste sistema. Eu o reconheço como meu filho".

Quando essas frases são pronunciadas percebemos nos representantes um sentimento de alívio. A aceitação restabelece a paz. A mãe assume a responsabilidade e dá um lugar.

28. Como a dependência química é compreendida pela Constelação?

No seu livro *A Cura*, Bert Hellinger diz: "Torna-se viciado aquele a quem falta algo. Para ele, o vício é um substituto. Quem ou o que falta no caso de um vício? O pai".

Em experiências de atendimento em casos de dependência química, a falta do pai é o fator inicial. A ausência paterna deixa um "buraco" que buscam preencher com o efeito de uma substância, que é o substituto, como cita Bert Hellinger. Falar em ausência do pai não significa somente a ausência física. É também, e principalmente, a ausência emocional. Entendo o dependente químico como resultado de um sistema em que percebemos o desrespeito às três Leis Sistêmicas. Daí a necessidade de se trabalhar amplamente com Constelação. O passado foi traumatizante, e o presente é a manifestação de desarmonias sistêmicas e de culpas que potencializam o comportamento limitante e dão suporte a um contexto de dependência como relacionamentos afetivos, relacionamento familiar, situação financeira e profissional. Os codependentes são membros do sistema vinculados que sustentam o dependente não só financeiramente, mas principalmente emocionalmente, atendendo uma necessidade própria de precisar cuidar do outro. Já atendi vários casos e supervisionei outros tantos em que a pergunta era: "O que vai acontecer com os codependentes caso o dependente químico pare de usar droga? Isso é a vida deles". Então, olhar sistemicamente é imprescindível. A partir desse ponto, ver a possibilidade de colocar em ordem a atuação das Leis, na medida do possível, é o maior desafio.

Vamos ver como as Leis são desrespeitadas na maioria dos casos de dependência:

Lei do pertencimento

Por exemplo, pai e mãe que não ocupam o seu devido lugar. Quando isso ocorre, o filho não tem referência, se sente perdido. Uma situação para exemplificar é quando o casal vive junto, mas a mãe é mais forte. Ela domina a relação, se coloca maior, diminuindo o poder do pai. Por sua força, toma o lugar do pai, resolve as situações da família, enfraquecendo o marido.

Outra situação é quando o pai está ausente (por separação ou falecimento), e com essa ausência a mãe toma o lugar do pai, se colocando para prover. Isso faz com que ela se ausente do lugar de mãe, o que a impede de dar o carinho e acolhimento aos filhos. O filho se sente só, sem pai e sem mãe, o que significa sem aquilo que compete ao pai e à mãe suprir. Caso o pai esteja vivo e separado do filho, outra situação comum é a mãe que exclui o pai, julgando o marido pelos comportamentos que teve com ela e contando aos filhos, desmerecendo-o como pai. Ela impede os filhos de amar o pai. Impede-os de ter conexão com a figura paterna. Nesse caso amar o pai é uma traição à mãe. O filho sem conexão se sente fraco para o mundo. Se sente inferior aos outros. Como o pai não tem lugar, ele também não tem. Se sente excluído. Sua alma não evolui, gera insatisfação e raiva, muita raiva.

Quando o pai é muito autoritário a conexão pode acontecer de se estabelecer com a mãe, contra o pai. O filho se coloca contra o pai em defesa da mãe. Como a ligação com a mãe é muito forte, ele sente que precisa cuidar dela, isso o impede de evoluir. Outra situação comum, um pai ausente na infância do filho, mas que se torna presente depois de alguns anos, quando o filho já é adolescente. Para compensar dá muito e o filho cobra mais ainda, sempre está insatisfeito. O fato de o pai dar por culpa alimenta a dependência. O filho quer ser maior do que o pai quando cobra. A mãe normalmente sustenta a postura do filho ao dar carinho e compreensão quando ele cobra do pai.

Lei da Ordem

Não existe respeito à ordem. Quando os filhos cobram dos pais estão desrespeitando o lugar de cada um. Não existe gratidão ao passado, nem raízes familiares. Tudo é desvalorizado. O dependente acha que os pais têm obrigação de dar e os pais assumem, por culpa, essa dívida. Sem gratidão não existe evolução. A alma cobra novamente, e vem a raiva.

Lei do Equilíbrio

Não existe equilíbrio entra as relações. Como não estão em ordem, todos são cobrados, pai, mãe e dependente; e caso haja esposa ou marido, também. Os filhos acham que não receberam, não tomaram do pai e até da mãe, os pais acham que dão demais e seguram e soltam, se sentindo inseguros. Um exemplo nítido é o caso das drogas, alguns pais dão o dinheiro para comprar a droga, para que não haja roubo. Limites não foram dados, recebeu demais. Agora, sem lugar na ordem e pertencimento não é possível dar limites. Quando o dependente recebe demais, a alma não evolui e cobra. O dependente manifesta raiva e agressividade, e agride os pais como? Usando droga. A droga é a maneira de se colocar contra os pais.

29. Que outras situações sistêmicas podem gerar a dependência química?

A representação de uma situação passada, de uma geração anterior. Representação de um excluído. Esse excluído pode ou não ter tido também o comportamento de dependência, mas o mais comum é a representação de um dependente. Pode ser também um vínculo com o pai excluído, principalmente se ele se ausentou, ou com outros familiares de outra geração que pertenceram ao sistema familiar. O excluído precisa ser representado. Importante lembrar que essas situações de representação não excluem o fato de uma situação presente desequilibrada com atuação de codependentes. Somente existe dependência quando existe um sistema doente. São muitos os casos que atendemos de mães que criam seus filhos sozinhas e negam o direito de o filho conhecer e conviver com o pai, porque se sentiram abandonadas. Nada substitui o contato e convivência com o pai. Nem mesmo a mais protetora e provedora das mães. Mesmo que o pai não seja correto aos olhos da mãe, a aceitação de que houve um relacionamento e que em algum momento ambos se escolheram gera segurança ao filho. A liberdade de poder escolher se encontrar com o pai e a conexão com o que ele pode oferecer de bom supre o filho para que não se sinta vazio.

30. É possível liberar esses vínculos de representação Sistêmica com a Constelação?

Sim. Quando faço Constelação de dependentes químicos oriento para que toda a família esteja presente, já que o desafio é sempre do sistema.

31. É possível trabalhar sistemicamente com Constelação para gerar harmonia no Sistema atual e libertar um dependente?

Sim. Mas não acho que só com uma sessão de Constelação. Para que se obtenha resultados positivos, usamos a Constelação no atendimento individual e em grupo, e atendemos individualmente todos os membros do sistema que estão em vínculos de codependência. E aí outras ferramentas de ressignificação dos eventos emocionais são integradas à Constelação. Embora a Constelação seja uma ferramenta imprescindível, sem a qual compreendo que é impossível a libertação total, outras devem ser integradas. A dependência deve ser trabalhada sistemicamente, compreendendo o indivíduo dentro do seu sistema.

32. Através da Constelação podemos também olhar para doenças físicas, possibilitando a cura?

Sim. Mesmo com o progresso da Medicina, alguns pacientes não mostram evolução na cura de suas enfermidades. Nas Constelações fica clara uma ligação do paciente com a doença e enredamentos familiares. Com a compreensão desses vínculos é possível liberar os comprometimentos familiares e as emoções ligadas a eles, e assim potencializar os efeitos de um tratamento médico. Como já falamos, a doença pode ser manifestada como um Código de Pertencimento a determinado grupo.

Constelei uma senhora que ia fazer uma cirurgia de intestino. Nos exames foram evidenciados vários nódulos. Ela me contou que seu pai sofrera de doença intestinal e ficava muito raivoso e agressivo com sua mãe quando ela cuidava dele. Essa senhora quando criança sentia a tristeza da mãe e ficava com muita raiva de seu pai. Quando montamos a Constelação coloquei representantes para minha cliente e o intestino. O representante do intestino com uma postura muito dura quis sentar-se como se ficasse ali parado, sem se conectar com a cliente. A representante da cliente tinha um sentimento de tristeza e raiva. Coloquei o representante para o pai dela. Imediatamente ela se conecta com o pai, olhando-o com muita raiva. Chorava com vontade de agredi-lo. O representante do pai se direciona ao lado do representante do intestino. Trabalhei com frases de solução para que aceitasse o pai e o destino que teve. A cliente conseguiu, aos poucos, se liberar da raiva e aceitar o pai com o destino que teve. À medida que as frases eram pronunciadas o representante do intestino ia se tornando presente, levantando-se aliviado e se colocando ao lado do representante da minha cliente. Quando ela aceitou totalmente o pai com amor, os sentimentos manifestados eram de paz. O representante do intestino tinha conexão com ela, com leveza. Essa cliente fez a cirurgia com sucesso. Não sei dizer o quanto o sucesso de seu tratamento está ligado ao resultado do trabalho de Constelação, mas sei que emocionalmente ela se sentiu livre da mágoa que tinha do pai, aquele pai que teve a mesma doença que ela.

33. A Medicina enxerga a repetição de uma doença no grupo familiar como uma predisposição genética, já a Constelação vê como vínculos desarmoniosos e necessidade de representação. Como explicar isso?

É fato a predisposição genética, mas não são todos os membros com a mesma genética que apresentam a doença. Não fará mal algum olhar com os olhos da Constelação. Uma coisa não exclui a outra. Na Constelação verifica-se se há uma dinâmica de atuação por trás de uma doença, se houver, é possível mudar libertando o sistema desse vínculo. Isso não impede a continuidade do tratamento médico. Muito pelo contrário, os tratamentos médicos e medicamentosos são potencializados quando emocionalmente o paciente se sente mais equilibrado. Querer se curar ou viver é o primeiro passo para a efetivação do efeito de qualquer medicação.

34. As doenças podem ser consteladas e é possível obter resultados positivos após uma Constelação?

Vou citar dois exemplos, um de fibromialgia, que é uma síndrome que causa dores em vários pontos do corpo, além de dificuldades de sono e que é considerada sem cura, e um caso de vírus HIV.

Uma grande amiga, que me ajuda na agenda da Constelação, sofria de fibromialgia há 2 anos. Os medicamentos precisavam ser cada vez mais fortes, pois as dores eram intensas. Fizemos a Constelação e apareceu um vínculo com sua avó falecida. Ela, quando criança, tinha uma relação forte com a avó e se lembrava das dores que a avó sofria. Nesse caso, era uma ligação forte que conseguimos liberar. A mente da criança se vinculou à dor da avó que sofria. A Constelação aconteceu há quatro anos, nunca mais as dores se manifestaram. Já vi casos de fibromialgia que estão ligadas a experiências limitantes que a pessoa está passando e se sente sem recursos. É como se a pessoa se punisse por estar paralisada diante da vida. A Constelação mostra o que causa o vínculo, e que é importante mudar o comportamento para gerar novos resultados.

Constelei uma mulher com o vírus HIV. Sentia-se muito triste e depressiva, em constante estado de pânico, porque achava que a qualquer momento a doença ia se manifestar, embora fizesse exames constantemente. Não existia mais vida, seu estado era esperar o dia em que tudo iria acabar. Ela havia contraído o vírus de seu marido, que faleceu com a doença. Ele a traiu, e isso também tinha sido uma descoberta dolorosa. Fizemos o trabalho e havia ligações sistêmicas com o passado de sua família materna. Uma dívida representada de alguém do sistema materno que havia tirado a vida de uma pessoa por causa de jogo. Era como se ela devesse a vida a outro. Liberamos os compromissos com a harmonização entre vítima e algoz. É como se o seu sistema fosse visto como algo, como responsável pelo fato que tirou a vida de alguém em gerações anteriores, e ela representava essa ação. Nesses casos, a harmonização aparece quando se reconhece o fato e o representante se mostra também como vítima. Existe o reconhecimento do sofrimento causado, e com ele pede-se a liberação. Hoje, cinco anos depois, o vírus não se manifestou e ela vive normalmente, ainda faz os exames, mas a sensação de que ia morrer acabou. Vive normalmente e até se casou novamente, se sentindo viva e feliz.

35. Em todos os casos de doença a Constelação pode ajudar?

Eu acredito que sim, acredito num comprometimento emocional que sustenta a doença, embora a Constelação nunca se comprometa com a cura física. Para mim a doença é uma manifestação do inconsciente que busca por uma cura. Respeito que muitas vezes, em determinados estágios, os órgãos podem estar comprometidos, mesmo assim o olhar sistêmico sempre harmoniza e acalma.

5

Constelações nos Sistemas Empresariais

*Aprendemos a servir com a nossa mãe,
ela nos serviu, e assim eu posso servir
à vida através do meu trabalho.*

A Constelação Sistêmica Familiar mostra a atuação das Leis Sistêmicas em todos os Sistemas de Relacionamento. Quando essas Leis estão sendo desrespeitadas dentro de uma empresa o resultado são conflitos, prejuízos e decadência. A empresa também é um sistema, e faz parte de um sistema maior. Assim é possível compreender o que, num Sistema Organizacional, pode estar atuando e contribuindo para resultados negativos. Para que a empresa cumpra o seu papel de servir, o equilíbrio é fundamental.

1. Em que situações empresariais a Constelação pode auxiliar?

Em muitas situações. Dificuldade de se desenvolver, conflitos entre os colaboradores, falta de uma direção competente, rejeição por parte dos funcionários a medidas inovadoras, clientes que não se fidelizam, quando a empresa gasta tempo e dinheiro em busca de clientes constantemente e isso não aumenta o número de pedidos, dívidas que aumentam, oportunidades que não se concretizam, recebimentos que não se efetuam no prazo combinado, auditorias que não dão resultado ou situações em que o dinheiro se torna escasso são padrões repetitivos que impedem a empresa de ter lucro mesmo com constantes modificações.

2. Como uma Constelação pode trazer resultados para uma empresa?

A Constelação evidencia ligações desarmônicas que comprometem o bom funcionamento. O desrespeito às leis também. No caso das empresas, gera desarmonia que impede a motivação necessária para o bom desempenho dos colaboradores. São as dinâmicas ocultas, que atuam impedindo a colaboração e o comprometimento necessários ao cumprimento da missão da empresa. Na compreensão das leis é possível verificar se todos os colaboradores se sentem pertencentes ao sistema, se alguém foi excluído sem gratidão ao seu lugar e sua colaboração para a empresa, se existe uma ordem e está sendo respeitada, se cada um cumpre o seu papel e é respeitado nesse lugar, se existe o equilíbrio entre o dar e receber, se os funcionários se sentem em equilíbrio com relação ao que dão e ao que recebem, se os donos da empresa se sentem em equilíbrio em relação ao que pagam e o que recebem dos funcionários. É possível verificar o quanto está sendo atendida a missão da empresa. As ligações do proprietário com sua família também podem facilitar ou dificultar a evolução. A metodologia mostra possibilidades e a conduta que gera mudanças, cabe ao cliente efetivá-las na sua empresa. Da mesma forma que esclareci nos sistemas familiares, um funcionário que se sentiu excluído pode estar sendo representado por outro. Podem existir cobranças por colaboradores que não sentem estar recebendo de acordo com o que colaboram. Se não houver respeito à ordem, conflitos são constantes, o que impede o resultado de produção e, consequentemente, a empresa não cumpre seu papel na sociedade. Um Sistema Empresarial de sucesso é aquele em que se evidencia o respeito às Leis Sistêmicas e assim todos os membros trabalham com satisfação e comprometimento, pois se sentem servindo à vida.

3. Há dificuldades apresentadas no Sistema empresarial que podem ser corrigidas através do respeito às Leis Sistêmicas. Poderia exemplificar?

Sim. Um exemplo em casos de demissão: quando um funcionário é mandado embora, caso a sua equipe não sinta que a demissão foi justa, os que ficam se desmotivam e se colocam contra aquele que o demitiu. Possivelmente essa rejeição também será manifestada com o novo funcionário que vier tomar o lugar do demitido. É como se os antigos companheiros se sentissem traindo o colega anterior que na compreensão destes foi injustiçado. Nesse caso, percebemos o desrespeito à Lei do Pertencimento. Quando o funcionário demitido é respeitado e reconhecido naquilo que colaborou, os outros podem aceitar a saída e assim dar lugar ao novo colaborador. Outro exemplo da Lei da Ordem é quando não existe hierarquia ou o respeito ao lugar de cada um, os funcionários se sentem inseguros e não produzem. Tal como na família na qual o lugar do pai ou da mãe não é respeitado. Se existe desequilíbrio entre o dar e receber, ou seja, se os funcionários sentem que dão muito, se desmotivam e a produção cai. Como na família, cada membro da empresa dá o que lhe cabe naquela posição. Respeito à Lei do Equilíbrio, alguém sente que recebe menos do que dá. Situações em que não estão claras as suas funções, ora é pedido uma coisa ora outra, manifesta-se uma insegurança com relação a suas capacidades, pois nem sabe o que terá que fazer ou o lugar de importância que ocupa no sistema. Nas empresas familiares muitas vezes são confundidos os lugares de pertencimento dentro do grupo familiar com o lugar do grupo profissional. Em qual grupo um membro é menor, ocupa um lugar abaixo do outro membro, no profissional ou no familiar? Em empresas familiares, quando o grupo não respeita o lugar em cada sistema, pode acontecer de alguém se sentir sem família, pois normalmente usam a casa para resolver problemas da empresa e a empresa para solucionar problemas familiares. Por exemplo, como vi num caso de atendimento: uma mãe, empresária, trabalhava com o filho ocupando um cargo de liderança na empresa dela. A desarmonia aparecia tanto na empresa como em casa. Como filho da dona da empresa ele se sentia no direito de não cumprir as regras que o cargo profissional que ocupava exigia. Ela cobrava como mãe, o que fazia com que o filho se sentisse desrespeitado na empresa. Na relação como mãe e filho, ela não conseguia dar amor e conversar sobre as questões familiares, pois carregava para casa as insatisfações das atitudes do funcionário. O filho se sentia sem mãe e cobrava dela o respeito e carinho como filho. Isso refletia nos resultados da empresa e parecia não ter solução. A mudança veio a partir do momento que eles combinaram que todos os problemas da empresa deveriam ser discutidos na empresa. Que as atitudes profissionais seriam cobradas de maneira racional, como fazia com os outros funcionários, desenvolvendo a responsabilidade. Que em casa só conversariam sobre questões individuais e familiares. Agiriam como mãe e filho. Nesse caso, o respeito ao lugar de cada um no sistema trouxe a reconciliação.

Existem muitas situações que podem impedir uma empresa de evoluir. Constelei um caso em que o empresário tinha gratidão e respeito por um cliente que atendeu e com o lucro deste pedido ele conseguiu dar início à sua empresa. Ele começou assim, com o que recebera desse cliente. Muitos anos se passaram e a empresa prosperou, sempre com resultados positivos. O que esse cliente me trouxe para constelar foi que, sem explicação, os resultados positivos vinham caindo e ele estava enfrentando conflitos constantes entre os colaboradores, coisa que não acontecia antes. Quando montamos a Constelação percebi que o representante do cliente buscava por algo no passado, como se alguém o puxasse. O cliente me disse que não havia sócios. Perguntei sobre algo do passado que poderia estar influenciando. Ele me contou sobre esse cliente a quem ele era agradecido. Disse que soube que a empresa do antigo cliente havia falido. O que compreendemos foi que ele, meu cliente, ficara muito triste com a falência de quem o ajudou. Era como se ele não se permitisse ter sucesso se aquela pessoa tão importante na evolução dele não conseguiu prosperar. Coloquei frases de solução:

- ✓ *Eu agradeço pelo que fez. Sua compra me permitiu evoluir.*
- ✓ *Quando o vejo compreendo que você também tem um destino.*
- ✓ *Eu aceito e respeito o seu destino e tomo o meu como minha responsabilidade.*
- ✓ *Eu me permito evoluir com gratidão ao que recebi de você.*
- ✓ *Assumo a responsabilidade de meus resultados e me permito prosperar.*

Os representantes manifestaram sentimento de alívio e o representante do meu cliente pôde olhar para sua empresa. O representante do lucro, que estava longe, se aproximou do representante da empresa e do meu cliente.

Quero dizer que qualquer situação que se apresente impedindo uma empresa de evoluir pode ser vista aos olhos da Constelação Sistêmica. O respeito às Leis Sistêmicas permite que a empresa exerça seu verdadeiro papel, servir à vida.

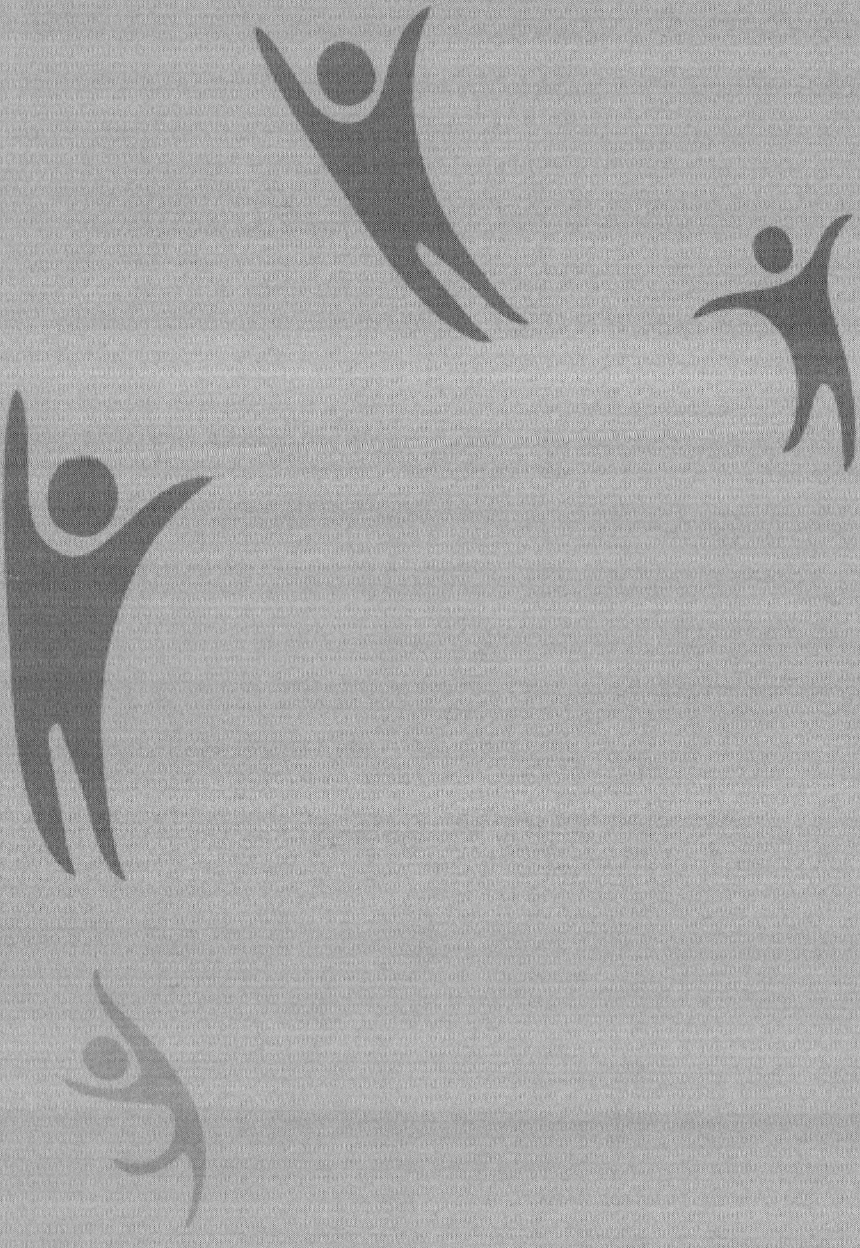

6

Compreendendo os sinais da vida

E o que a vida quer me dizer com esta situação?

Como já falei anteriormente, existe uma força que nos direciona à evolução. Esse é o objetivo da vida.

E o que é evoluir? Evoluir é conseguir viver em plenitude. É ter acesso a tudo o que o Universo nos oferece. Costumo comparar essa plenitude com o Paraíso, onde, pela religião católica, viveram Adão e Eva. Esse é o nosso verdadeiro lugar. Viver em plenitude é viver em abundância em todos os sentidos. É ter saúde física e mental, é se manter em aprendizado constante que nos possibilita contribuir com a vida, exercendo uma missão. É ter prosperidade financeira que permitirá acesso à alimentação saudável, ao estudo, viagens que geram alegria e conhecimento etc. É ter relacionamentos equilibrados em todos os grupos.

Todo tipo de escassez, em qualquer área da vida, está manifestando uma "doença". Se entendermos que as Leis Sistêmicas zelam pela nossa felicidade e plenitude, o desrespeito a essas leis gera escassez com um único objetivo: garantir a evolução. Os "problemas" estão a serviço da vida. Nós aprendemos com eles, com os desafios, que são nada mais do que oportunidades de aprendizados. Quando nos colocamos para aprender com as situações que a vida nos proporciona, recebemos uma força extra que nos impulsiona à solução. Nada vem por acaso. Somos inteiramente responsáveis por tudo aquilo que vivenciamos. A aceitação de nossos desafios é o primeiro passo para a "cura" de qualquer situação. E você pode pensar: "O que isso tem a ver com as Leis Sistêmicas?"

Toda situação desafiante tem uma ou mais Leis sendo desrespeitadas. Somente você pode mudar os resultados de sua vida. Não depende do outro. Quantas vezes já se ouviu: "Seja a mudança que você busca no mundo!"? Então, mãos à obra! Falei sobre a Lei da Ordem e reafirmo: para seguir adiante, em qualquer situação, é preciso reconhecer o que veio anteriormente. Reconhecer no sentido de valorizar o que aquela situação nos trouxe de aprendizado.

Poderia dar muitos exemplos, como: mudança de emprego ou de profissão; finalização de um relacionamento para construir uma nova relação; a compra de um novo imóvel; ir viver em outro país; sair da casa dos pais para assumir sua própria vida etc. Em qualquer uma dessas situações já falamos sobre a necessidade de agradecer, reconhecer a importância do antigo para se abrir para o novo. Quando não aprendemos e ficamos negando o que vivemos ou recebemos, de que maneira pode o sofrimento aparecer? A lição vem sempre em situações que impedem de se conseguir aquilo que se busca. Por exemplo, a casa que quer comprar não dá certo por conta de uma documentação errada, ou o financiamento não é autorizado, mesmo que se cumpra todos os requisitos. Em uma situação de emprego o candidato não é o escolhido. O filho que muda da casa dos pais e perde o emprego. O visto para morar em outro país que não é autorizado. O parceiro para construir uma nova relação que não consegue se liberar ou se decidir.

O que existe em comum em todas essas situações é a necessidade de voltar ao passado e olhá-lo com respeito. É agradecer, daí a necessidade da gratidão, é reconhecer o aprendizado. Esta é a forma da vida falar com você. Trazendo situações nas quais é necessário resgatar aquilo que se deixou para trás.

Lei da Ordem. Como agimos ou nos mantemos paralisados? Usando um dos exemplos acima sobre comprar uma casa seria assim: "Esta casa não era para mim. Não era para eu comprar esta casa". E, quando for procurar outra casa, tudo se repetirá novamente. A vida está dizendo: "Faça algo diferente!" Mas não a ouvimos.

Percebo nos *workshops* de Constelação a dificuldade que as pessoas apresentam em reconhecer um sentimento. Somos treinados para julgar, olhar o outro, alucinar. Não aprendemos a escutar a nossa sabedoria interior. As respostas se encontram dentro de você e a vida só pede para que ouça.

A nossa essência é o "Paraíso", é um lugar onde tudo flui para a evolução. Se algo está diferente, se coloque humilde e pergunte: "O que devo aprender desta situação em que estou vivendo?"

As dificuldades nos relacionamentos também geram insatisfações. Escuto pessoas dizendo: "Eu só consigo atrair chefes que me desvalorizam". "Os chefes são todos assim, preciso brigar para mostrar minhas qualidades." Mais uma vez lhes digo: toda situação que se repete é a vida mostrando um aprendizado que ainda não conseguiu assimilar. Nas relações, compreendemos o quanto a Lei do Equilíbrio cobra por uma postura de igualdade. Os membros de uma relação precisam se sentir iguais. Quando alguém se coloca como maior, desvalorizando o lugar que pertence ao outro, naturalmente a cobrança virá. Ao olharmos para uma relação entre chefe e subordinado, quem serve a quem? Não havendo o servir, não existirá reconhecimento, pois o equilíbrio virá quando o subordinado serve ao chefe e, consequentemente, o chefe serve ao subordinado, pagando pelo seu trabalho. Precisa existir uma equivalência. Quando o subordinado não sente que recebe o que é justo, fica cobrando eternamente, e o chefe sempre vai sentir que está pagando muito. Não há sucesso e harmonia. A equivalência equilibra a relação.

Digo sempre aos meus clientes: "Quem lhe paga não é o dono da empresa, ou seu chefe. Quem lhe paga é o Universo". Quando o Universo sentir que deve receber algo mais, aparecerá um chefe ou empresa que lhe pagará o que merece. O que você recebe está de acordo com seu merecimento. A vida sempre nos dá aquilo que merecemos. É a Lei do Equilíbrio. Ela atua independentemente de nossa vontade ou desejo. O que merecemos chega a nós com facilidade. Caso você se sinta injustiçado naquilo que recebe, pergunte-se: "O que devo aprender com esta situação?" O fato de se sentir injustiçado pode fazer alguém contribuir menos do que poderia. É como se não usasse todo o seu potencial, e aí vai receber algo ou um valor que também não significa tudo o que deveria receber. Existe um equilíbrio. Esses são os

Sinais da Vida: você não dá tudo o que pode, então não recebe tudo o que poderia receber. E isso não funciona somente com relação aos pagamentos e recebimentos financeiros. Pode ser a sua contribuição numa relação, por exemplo, entre um casal. A esposa não dá carinho porque acha que o marido não é carinhoso. O marido não é mais carinhoso porque não recebe carinho. No caso de um filho com o pai ou em outras relações, essa mesma dificuldade pode aparecer. Por isso escutamos muitas vezes: "Faça o seu melhor!"

Será que estou dando o meu melhor naquilo que me comprometi?

A vida nos impulsiona a mudar através de situações. As pessoas dizem: "Mas eu não sei o que tenho de fazer!" E continuam fazendo tudo da mesma forma. Assim, o próximo Sinal da Vida poderá ser mais forte. A dor é proporcional a sua resistência à mudança.

A humildade que nos faz aceitar e mudar não tem nada a ver com humilhação. A humildade é um estado de não saber e, consequentemente, estar disposto a aprender.

Ela gera evolução. A humilhação é algo que sentimos quando já existe dentro de nós o sentimento de inferioridade, a ação do outro só comprova aquilo que você vibra. Nesse caso, existe um desejo de ser maior, de ter algo que o torne grande. Existe um julgamento em que, sempre o que o outro tem é mais do que aquilo que você consegue ter. Não validar o que se tem leva ao sentimento de inferioridade.

Portanto, ser humilhado é um sinal de que a pessoa não está validando o que tem.

Mas, como mudar? A mudança vem quando olhamos para o que a vida nos dá com reconhecimento. Olhar a conquista do outro costuma tirar o foco das ações necessárias à sua conquista. Se existe um desejo de mudar, é necessário colocar o foco nas próprias ações. Assim a vida lhe trará outros resultados.

A Lei do Equilíbrio também cobra pela nossa evolução, pelo Pertencimento. As duas leis, Pertencimento e Equilíbrio, se misturam. Reconhecer os nossos direitos nos torna iguais numa relação. Quando sinto que sou merecedor não preciso buscar por pessoas que não possam pagar pelo que ofereço a elas. Como exemplo, não preciso atrair um parceiro que dependa de mim, não preciso atrair uma colocação profissional numa empresa que esteja falindo, não preciso atrair amigos fracos a quem tenho sempre de ajudar. Quando estou em equilíbrio permito me relacionar com pessoas que estejam na mesma vibração, que contribuam como eu. O que nos coloca em situação de sempre atrair pessoas que precisem de nós é a necessidade de dar muito para ser reconhecido. Dar muito pode significar a busca por poder. "Eu posso! Vou atrair quem não pode, assim sou maior." A necessidade de ser maior coloca a pessoa em desequilíbrio.

Assumir o próprio lugar é humildade. Aceitar que existem pessoas com maior potencial, com mais bens materiais, mais inteligentes é humildade. Aceitar que existem pessoas iguais a você mostra que seu valor está no que é, e assim é possível evoluir e conquistar outro lugar, ou um novo patamar.

Respeitar as Leis é leveza. Assim me permito viver no "Paraíso", onde é meu verdadeiro lugar, o lugar da minha essência abundante e próspera. Quando respeito a vida, tudo chega a mim com facilidade, alegria e glória.

8

Considerações Finais

*Se tudo acabar aqui e agora,
finalizo com sucesso.
Isso é Gratidão.*

Finalizo este livro com gratidão ao Universo pela possibilidade de transmitir a simplicidade da vida. E, mais uma vez, Gratidão Imensa aos meus pais.

Aqui me coloquei a serviço da vida. Sei que cada leitor poderá se beneficiar da sua forma. Através de tudo o que se escolhe na vida passamos uma comunicação ao Universo, e a resposta que se obtém são as situações que vivenciamos. A vida fala conosco através das situações que vivemos. Nada vem por acaso. Não existem vítimas. Existe sim um caminho para a paz, viver é acolher cada passo com tudo o que se apresenta no caminho. Assim como é. Agir com aceitação das Leis do Amor e suas manifestações é sabedoria que gera felicidade e liberdade. Gera a paz! E é a possibilidade de viver esta paz que eu quis transmitir nesta leitura.

Gostaria de finalizar com uma última pergunta:

Qual é o melhor passo para que eu consiga manifestar o equilíbrio em minhas relações?

A resposta é: aceitação sem julgamento. Para mim esta é a base das leis. Compreender a simplicidade da vida. Se fiz algo, foi assim. Se fizeram algo, está feito e o que vou fazer com isso? Se aconteceu algo, é um fato. Como vou lidar com isso? O que eu fiz que está gerando isso? Como vou fazer para obter outros resultados?

A paz vem da aceitação e humildade perante o destino. Existe algo, sempre vai existir, mas prossigo assim manifestando as minhas escolhas. As escolhas trazem respostas; se quero essa resposta continuo, se não quero escolho outro caminho. Não existe certo ou errado. Tudo traz consequências, e são essas consequências que direcionam as minhas novas escolhas. Cada escolha influencia o outro, e aceito porque é assim. Fazemos parte de um sistema. Curvo-me em reverência diante da imensidão que me conduz.

Somos infinitamente pequenos diante da sabedoria do Universo. Está tudo certo!

Referências

Listo aqui, além de outras, as principais obras escritas por Bert Hellinger, autor da metodologia.

FRANKE, U. *Quando fecho os olhos vejo você*. Editora Atman 2006.

HAUSNER, S. *Constelações Familiares e o Caminho da Cura*. Editora Cultrix, 2010.

HELLINGER, B. *Ordens do Amor*. Editora Cultrix, 2003.

_____ *A Cura*. Editora Atman, 2016.

_____ *Desatando os laços do Destino*. Editora Cultrix, 2003.

_____ *Um lugar para os Excluídos*. Editora Cultrix, 2006.

_____ *A Simetria Oculta do Amor*. Editora Cultrix, 1999.

_____ *Conflito e Paz*. Editora Cultrix, 2007.

_____ *Histórias de Amor*. Editora Atman, 2011.

_____ *Leis Sistêmicas na Assessoria Empresarial*. Editora Atman, 2014.

RUPPERT, F. *Simbiose e autonomia nos Relacionamentos*. Editora Cultrix, 2012.

Editora Leader